余乐

营造"文化消费"新风尚的生活者及其心理洞察

生活者"动"察2017

The Dynamics of Chinese People

博报堂生活综研(上海)

文匯出版社

【前言】

孕育新"文化消费"的
生活者及其欲求

当今的中国,"文化"这一概念的范畴已逐渐从绘画、文学、演艺、古典音乐等"纯文化"领域,扩展到了更贴近人们日常生活的饮食、时尚、运动、学习、影视、动漫等"生活文化"领域。变化来得如此之快,影响面又如此之广,着实令人无法忽视。特别是最近这几年,文化的气息如春风化雨般滋润着各个领域,促成了今天这一派百花齐放、争奇斗妍的繁荣景象。

在大街小巷,世界各地风味的餐馆和咖啡厅到处林立,门口排长队的人气店也不计其数。传统的中餐馆也开始在选材、烹饪和店面装潢等方面发挥创意,把传统与现代、中国与世界等多种元素巧妙地融合在一起。以前只能在厨房里看到的厨师,也被邀请作为"文化大厨"在媒体上登场亮相,预示着一个新的美食文化时代即将来临。

成千上万的人来到健身房,享受健身、瑜伽或是舞蹈的乐趣。据统计,中国的运动健身市场规模已达数千亿元。一个"视流汗为享受"的时代已经到来,运动文化开始在普通生活者的生活中扎根。

这几年,传授绘画、音乐、外语、烹饪等各种文化的培训教室与日俱增。在这背后,则是越来越多的人为了丰富人生而开始学习文化素养课程的身影。

在时装、生活杂货、家居装饰等方面,强调自我个性和品味的店铺不胜枚举。即便只是在街头随意走走,你也能感受到时代的潮流从均一化走向个性化的步伐。此外,人们对于品质的要求和看法也在发生巨大的改变,崇尚"工匠精神"的时代有望到来。

上述种种,共同支撑着生活文化的迅速成长和变化。与此同时,政府政策也对发展文化产业表现出了极大的支持。在国家的扶持下,规模大小不一的文化艺术节已然遍地开花。可以说,中国正迎来文化高度成长的时代。

我们认为，在背后推动这个变化的，是据说已有 3 亿人之多的中国新中产群体的存在。

随着中国经济发展步入新常态，社会整体开始趋向沉静，新中产群体也开始备受瞩目。中国的新中产群体不仅追求物质生活的充分享受，同时也非常向往拥有丰富的精神生活。另一方面，全球化、数字化进程的加速发展又带给他们大量的文化信息，促成了他们在自身生活志向和欲求层面的转变。

在经济上得到一定满足后，他们开始更加"重质"，撼动了中国以往关于"量与质"的平衡价值取向。他们也开始更加听从自己的内心，而不是去在意别人的眼光；不再一味追求效率与合理性，而是开始懂得更全面地看待事物的必要性，学会了享受过程，以及了解事物本质所带来的快乐。或许可以说，他们正引领着中国的时代潮流从"注重效率与合理性"转向"追求内涵与精神价值"。他们的志向与欲求正影响和改变着中国生活者的衣食住行、运动、学习、娱乐等多个领域，并孕育出了多样化的新型生活文化市场。

从某种意义上来说，时下对追求物质开始有所厌倦的中国生活者所创造和消费的一切，其实都可以归纳为"文化"，属于中国的"文化消费"时代已经拉开了帷幕。

我们今年的研究主题聚焦的是推动"文化消费"的主力——中国的新中产群体，我们将他们的本质欲求命名为"余乐"，并尝试着对其影响下的新时代的消费做出解释。

我们诚挚地希望，本书的内容能对各位今后的市场工作有所帮助。

博报堂生活综研(上海)顾问 加藤敏明

目录

前言

1. 迅速扩大的文化市场及其背景   6

2. 新"文化消费"及新中产群体的欲求   22

3. "文化消费"的新视点及市场营销启示   68

后记   86

Side Reader   88

1

迅速扩大的
文化市场及其背景

迅速扩大的
文化市场及其背景

在中国，您对以下这些新闻报道不会感觉陌生：国外某知名博物馆的藏品巡展会门口排起了长龙；某个曾在国外引起轰动的舞台剧的门票被瞬间一抢而空等等。在社交媒体上，关于展览会或音乐会的话题也越来越多。我们看到周围享受"文化"所带来的乐趣的人比比皆是。在这五年间，博物馆的入场人数增长了将近一倍，舞台剧和音乐会等演出市场的规模翻了一番，电影屏幕的数量变成了原来的4.5倍。这些统计数据都折射出了文化市场的迅速扩大。

博物馆观众人数

出处：国家统计局、国家文物局

4.7亿人

2011年

8.5亿人

2016年

演出市场规模

出处：中国演出行业协会《2016年中国演出市场年度报告》

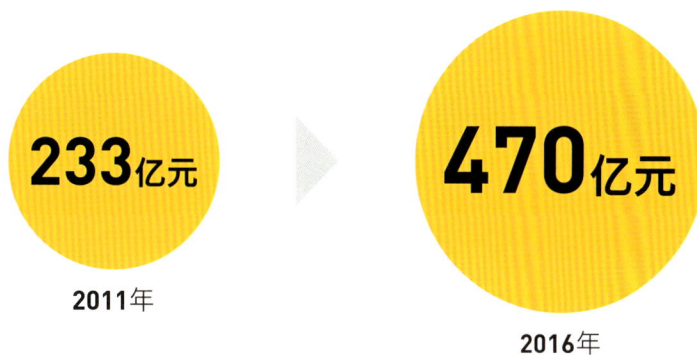

233亿元

2011年

470亿元

2016年

电影屏幕数量

出处：中国广电总局电影局

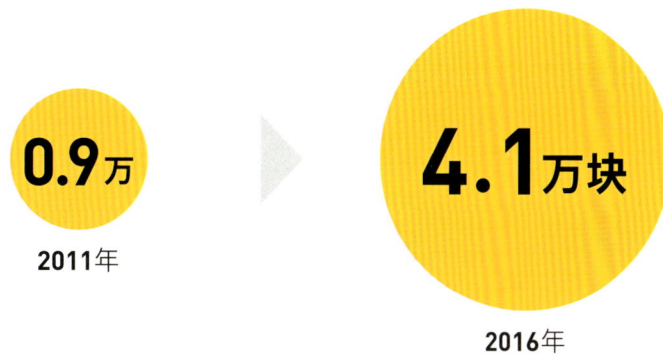

0.9万

2011年

4.1万块

2016年

在衣食住行中兴起的文化市场：
"生活文化"市场的扩大

我们来想一下，"文化"的范畴是否就局限于"美术、音乐等艺术鉴赏"方面呢？

喝咖啡的人数在急速膨胀，其中也不乏对咖啡豆或冲泡方法特别有讲究的，与咖啡有关的书籍也变得随处可见。像这样能尽情享受咖啡时光的，其实也不失为一种"文化"吧。再比如说，这几年去健身房健身、练瑜伽的人也越来越多了。感受大汗淋漓后的酣畅和运动后的身心满足，不也是一种"文化"吗？还有，不只是年轻人，各年龄层中喜欢游戏、动漫的人都在不断增加，由同好者们自发组成的团体也为数不少。游戏和动漫，大概也算得上是"文化"的一部分吧。

实际上，文化已经渗透到生活的各个方面。我们将这些"在生活中看得见摸得到的文化"称为"生活文化"。回顾这几年的"生活文化"的相关数字，我们不难发现其发展扩大之迅速。

现磨咖啡年消费量

出处：Euromonitor

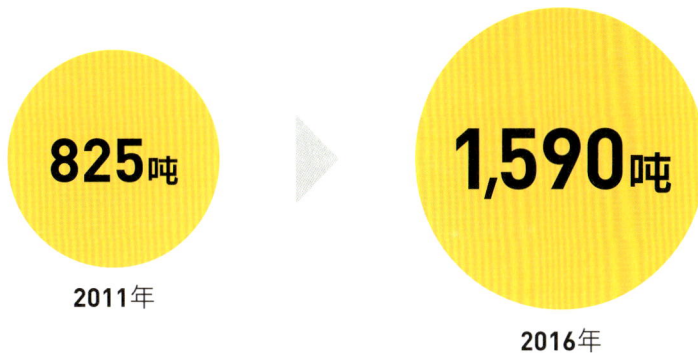

825吨
2011年

1,590吨
2016年

健身人数

出处：青橙健身《2016-2017年中国健身行业白皮书》

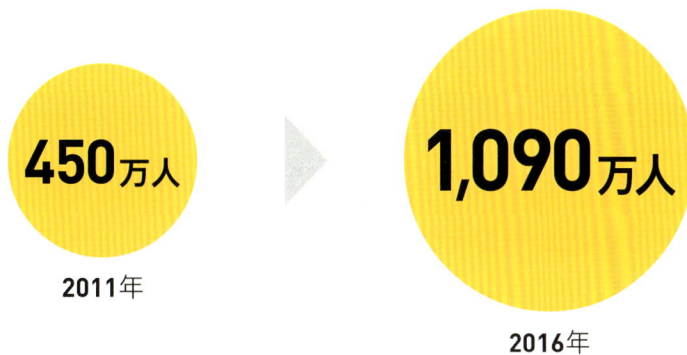

450万人
2011年

1,090万人
2016年

二次元市场规模

出处：伽马数据《2017年二次元移动游戏价值分析报告》
二次元市场规模数据由游戏与动漫市场规模相加而得

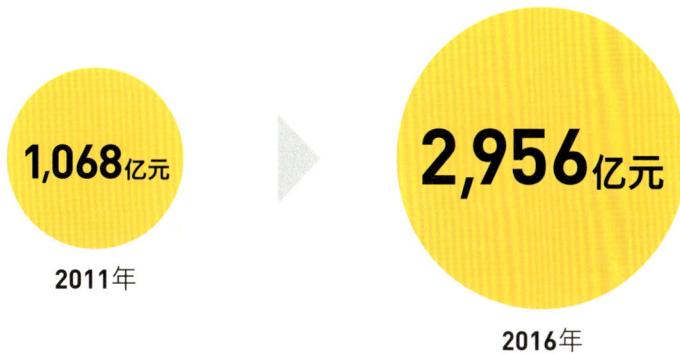

1,068亿元
2011年

2,956亿元
2016年

"文化消费"在发力

除了文化艺术方面的"纯文化"以外，当下的"文化"这一概念其实也涵盖了美食、时尚、运动及休闲等各领域的"生活文化"。从这个角度上说，我们的周围充满着各种各样的"文化"，意识到这一点的人们正在充分享受着其中的乐趣。

本着享受"文化"的精神而进行的消费，并非只是为了得到功能、效果等实际利益，更多的一个收获则是享受氛围或是汲取知识。我们将这种能得到"精神享受"的消费行为定义为"文化消费"。

如前页所述，与数年前相比，"文化消费"正以两倍、三倍的速度急速扩大着。今天的中国，正处于"文化消费"重磅发力的状态。

"文化消费"

通过消费

不仅得到实际利益
更可以得到精神享受

葡萄酒年消费量
17.3 亿升

网络文学用户规模
3.53 亿人

3,077 亿元
体育用品行业产销总值

游戏市场规模
1,656 亿元

出境游人数
1.22 亿人

3.43 亿人
网络直播用户规模

健身人数
1,090 万人

瑜伽馆数量
14,146 家

4.1 万块
电影屏幕数

628 万人
音乐会观众人数

奶酪年消费量
70,000 吨

电影票房

457
亿元

现磨咖啡年消费量

1,590
吨

马拉松
参赛人数

280
万人

演唱会、音乐节票房收入

35
亿元

推动"文化消费"的
新中产群体的出现及社会背景

二次元市场规模

2,956
亿元

8.5亿人
博物馆观众人数

网络音乐
用户规模

321万人
话剧观众人数

演出市场总体经济规模

470
亿元

5.24
亿人

本页引用数据出处详见第110页

3亿人口的新中产群体

　　人们生活的日益富裕,是推动"文化消费"不断增长的原因之一。2016年的中国人均GDP已经超过了8,000美元。其中,新中产群体[注1]的规模扩大最为显著。数据显示,2017年的新中产人数已经超过了3亿,2022年更将达到4.8亿人。

牵引"文化消费"的新中产

　　新中产拥有购买汽车、奢侈品的经济实力,拉动着中国整体消费的扩大。在日常生活方面,他们喜欢享受挑选葡萄酒、奶酪的过程;会去练瑜伽、学一些美学设计方面的知识;会去听音乐会,不惜在"文化消费"上花钱花时间。正因为有了3亿多新中产的积极参与,"文化消费"市场才得以急剧扩大。换言之,是新中产群体牵引了"文化消费"的发展。

注1:依据麦肯锡数据,"中产"指的是家庭年收9,000-34,000美元的人群,
　　　这里特指其中人口增幅更大的那部分,即家庭年收16,000-34,000美元的群体。

新中产的人口规模

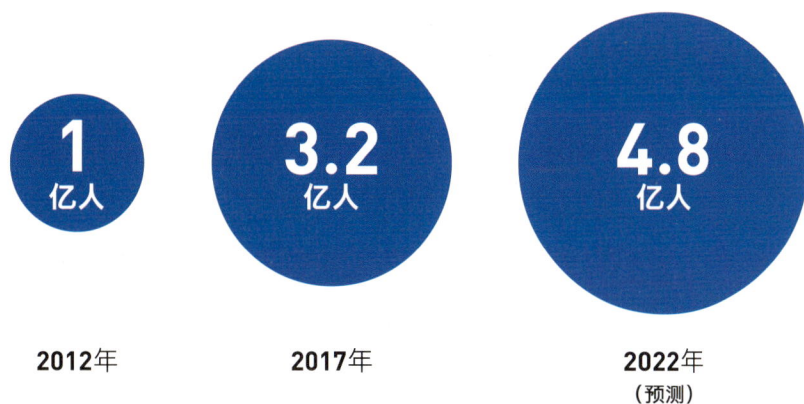

| 1 亿人 | 3.2 亿人 | 4.8 亿人 |
| 2012年 | 2017年 | 2022年（预测） |

出处：依据麦肯锡《Meet the Chinese consumer of 2020》文中所示数据推算

家庭消费性支出结构

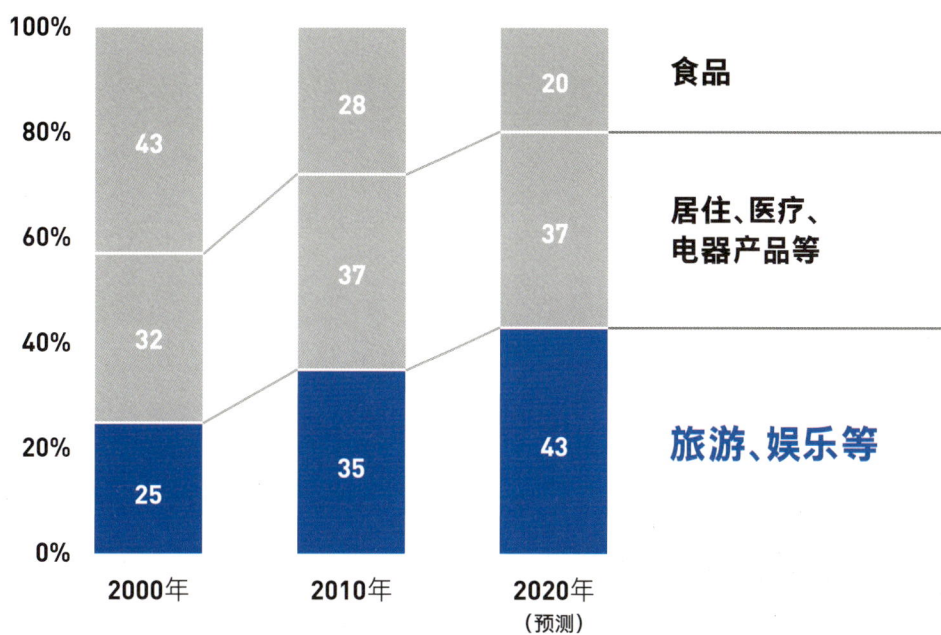

食品

居住、医疗、电器产品等

旅游、娱乐等

	2000年	2010年	2020年（预测）
食品	43	28	20
居住、医疗、电器产品等	32	37	37
旅游、娱乐等	25	35	43

出处：依据麦肯锡《Meet the Chinese consumer of 2020》文中所示数据加工制作

"文化消费"发展背后的三个环境因素

"文化消费"之所以得到发展，
难道只是因为日益富裕的缘故吗？
其实，以下三个社会环境因素也有不可或缺的影响力。

① 对文化的渴望感

中国的经济，正以世界上其他国家无可匹敌的速度高速成长着。过去几年，大多数中国生活者都埋头于追求经济上的富足。不过，伴随着经济发展步入新常态阶段，人们对于物质层面的追求也逐渐趋缓，越来越多的人开始注重享受每天的日常生活，希望从中得到接触文化的乐趣。人们对于文化的渴望和渴求正在被唤醒。

② 全球化·数字化带来大量的文化流入

全球化、数字化影响着包括中国在内的所有国家,使得各类商品、服务的流通变得容易起来。社交媒体的日益渗透,又使得信息的共享可以在一瞬间完成。我们日常生活的每一天,都充满了富有文化元素的信息。

③ 政策助推下的大环境

政策的扶持和助推也是不容忽视的一个主要环境因素。第十二个五年规划确定了"文化强国"的发展战略。2016年发布的第十三个五年规划中,更进一步明确了例如培训各类文化产业人才超过5,000人次等具体目标。

文化的高度成长时代

经济发展到一定程度后,既追求物质丰富又渴求精神享受的新中产群体日益壮大;由于文化发展的相对滞后而产生"对文化的渴望感";全球化、数字化带来大量的文化流入;在政府助推下,文化基础设施建设得以日渐完备……这些环境因素共同作用,推动了这几年"文化消费"的快速增长。另一方面,新中产将从现在的3.2亿人,增至2022年4.8亿人的规模。今后的"文化消费"持续

增长也拭目可待。就如同经济高速发展时期，城市中高楼大厦和购物商场鳞次栉比的光景曾给人留下深刻印象一样，在经济发展进入新常态的今日，格调不俗的生活杂货铺和各类文化设施已变得随处可见，还有门庭若市的美术馆以及越来越多的慢跑族，仿佛无时无刻不在提醒我们"文化消费"需求的日益扩大。我们认为，中国正迎来"文化的高度成长时代"。

2

新"文化消费"
及新中产群体的欲求

新"文化消费"及其背后的新意向

我们从社会上随处可见的各类"文化消费"景象中,筛选出了数个具有代表性的"文化消费"行为,并对其进行了深入的研究分析,希望从中了解到生活者尤其是新中产群体的深层意识,从而把握人们"文化消费"行为背后的心理欲求。

我们向"文化消费"相关的各领域专业人士及积极实践"文化消费"的生活者实施了采访,并将他们所回答的内容总结成了七个意向。

- **新的文化用品市场**

- **新的旅游市场**

- **新的学习市场**

- **新的文化活动市场**

- **新的时间消费市场**

- **新的手工艺品市场**

- **新的家居用品市场**

- **新的饮食文化市场**

意向 ❶

新的生活品质意识
"日常质感"意向

近年来,市面上的时尚文具层出不穷,厨房里造型别致而又功能强大的厨具也日益增多——越来越多的人开始在日常生活中择优使用像珐琅锅这类"才色兼备"的高品质商品,积极实践着寻常日子里的"文化消费"。

我们采访了一位花费2,000多元购入珐琅锅的外企职员赵小姐,这位33岁的女士告诉我们:"以前的话,会更倾向于把钱花在可以吸引他人眼球的名牌包包上。而现在,相比包包,更倾向于把钱花在锅碗瓢盆等日常生活用品上。我现在选择商品主要看两方面,一个是实用性,另一个就是看外形设计是否时尚。因为我特别喜欢做菜,所以厨房里的每件东西都是自己精挑细选才买下的。现在每次进入厨房,内心都会有一种小小的幸福感。"

意向 ❶ "日常质感"意向

从两三年前开始喜欢上蜡染的蔡女士(54岁)告诉我们:"我很喜欢蜡染,也买了很多。蜡染出来的东西颜色层次都很丰富,仔细看很有意思,怎么说呢,就是看起来很有质感。细微之处见真章嘛,这也算是提升生活品质吧。每天对着它们,我觉得自己的生活都变得美好起来了。"

从她的话中,我们察觉到人们所说的"生活品质"这一概念已经有所转变。说起"生活品质",从前的概念大多偏向于购买高价商品等"物质方面的生活品质"。但现在,根据自己的嗜好来挑选需要的商品,从而达到改善"生活品质"的想法正渗透到越来越多的人群中。并且,这一想法并不单单停留在其他人看得见的"外在"商品上,日常使用的"内在"商品也开始越来越受重视了。

我们将这种不同以往的、追求生活品质的心理需求概括为"日常质感意向",同时也认为,正是在这种新的生活品质意识的驱动下,足以为生活增光添彩的"优质日用品"文化市场才得以不断扩大。

徐 莹 *Xu Ying*

生活方式类杂志　编辑

富有文化气息的生活用品及服务市场正在扩大

　　如今，不仅人们追求生活品质的整体意识越来越强，追求的目标本身其实也起了变化。比较明显的表现之一就是，不再一味追逐带有社会身份象征意味的名牌，而开始转向寻求一些高品质的日用品或服务。譬如说，现在讲究选购可长久使用的日用餐具的人就越来越多了。就这个意义来说，消费的目的已经不再是为了单纯地"晒"给他人看，重点也不再集中于"一时或者短期的生活品质"，而已经开始转变成为每个人都能更真实享有的"长期性的生活品质"。

为自己打造日常生活的仪式感

　　每个普通人在日常生活中选择什么样的物品，怎样来使用等问题正变得越来越重要，最大的一个原因可能是，现在想要为自己打造某种仪式感的人越来越多了。人们普遍希望通过作出某种讲究，或者寻找某个特定的物品来增添日常生活的光彩。或者可以说，日常生活行为已经从"某个单纯的举动"演化成了"某种有讲究的举止"，比如"用特意选购的文具做笔记""用甄选的炊具做饭"等等，也就是所谓的生活美学意识有所增强了。还有一点值得一提的是，比起以往，在大众心目中，是否"适合自己"这一尺度的重要性得到了大幅度提升。

意向❷

新的成长意识
"涵养提升"意向

近年来，参观工厂和产业博物馆似乎成了新的出境游热门项目，人们看似开始渴望了解更多的商品开发历史、生产过程等背景知识。我们注意到，这种着眼于商品背后故事的"文化消费"现象在这一两年里尤为明显。

从最近参观过日本某威士忌工厂的陈先生(31岁)口中，我们了解到，"最初开始接触威士忌，只是因为觉得喝威士忌比较有男人味。尝试了各种品牌后，慢慢就懂得了辨别不同的风味，再后来开始对制作工艺有了兴趣。去制酒场了解到实际制作过程之后，喝酒的时候感觉更美味了。"

除了实用性强的知识、技术的学习之外，"想要更加了解自己所喜欢的事物"这一新的成长意识正在逐渐萌芽。

意向❷ "涵养提升"意向

最近几年,退休老人开始学外语、学油画、学乐器的非常多,几乎已成寻常。据不完全统计,老年学校的数量在这五年间至少增长了40%左右^(注1)。

今年迎来六十大寿的金女士就是退休后才开始学法语的,她说:"以前就一直比较喜欢法国菜,但是有时候菜单上写的全是法语,完全看不懂,所以退休后就开始学法语了。俗话说得好,活到老学到老,我想,不管年纪多大都要继续学习,这样才会不停成长。"

这种自发学习"可让生活变得更有趣的知识或技术"的意识,有别于以往功利目的较强的学习意识,我们称之为"涵养提升"意向。随之产生的,则是相应的新旅游、新教育类文化市场。

注1:数据来自中国老年大学协会

文化达人说 2
SPECIALIST COMMENT

钱 晓艳 *Qian Xiaoyan*

旅游记者

深度游市场正在不断扩大

十多年前，在中国，境外旅游还不是件容易的事。能成行的，也多半是10天跑10个地方那种密集型的走马观花游，在目的地拍完照就好那种。但现在就不一样了，比较多的是追求更深体验的深度游。很多游客都希望更深入地去理解一个地方的历史文化，像当地人喜欢穿什么衣服吃什么食物等等，追求一种真实的在地体验。总的来说，希望通过旅游来"修习"的游客有日渐增多的趋势。同样，选择在短途旅游中体验"非日常生活"，借以增长见识、提升自我的人也越来越多了。

中产们的危机意识

我认为，近年来之所以流行"深度游"，很大部分是由于中产群体的精神层面起了变化的缘故。目前也有很多分析说，经济发展起来以后，中产群体的经济生活是到达一定水准了，不过同时也面临着诸如与周边人士的互相比较、维持家庭正常运转等一系列压力。简单地说，现在的中产们面临的一个大问题就是"有时间赚钱却没时间花钱"。也许就是这个原因，使得他们逐渐萌生了向往闲适的情绪，像现在比较多的追求慢生活、重新回头看传统等现象，其实也正是这种情绪的反映。

33

意向❸

新的差异化意识
"兴趣技能"意向

从一两年前开始,学习油画、乐器等看似与现有专业或职业关系不大的文艺类课程的人有日渐增多的趋势。据统计,这类培训市场在这五年间几乎增长了两倍左右[注1]。

我们采访了其中的一位周女士(30岁),她说:"我对美术和设计一直都很感兴趣,已经报了一个网络学习班。以前也会学习像英语这种对工作有直接帮助的东西,但是周围很多人都在学,都一样就没意思了,我想学一些能成为自己特色的东西,这才开始学起美术史的。因为我现在做的是行政工作,所以学这个暂时还看不到有什么用场,但我觉得,以后终归会有帮助的。而且,将来或许有一天自己能变成别人眼中的美术通呢,感觉超帅的。"

注1:数据来自智研咨询《2017-2023年中国艺术培训行业市场检测分析与发展趋势预测报告》

意向❸ "兴趣技能"意向

前不久开始深度学习弹吉他的杨先生(44岁)说,"虽然弹吉他本来就是我的兴趣之一,但是坦白讲,开始深度学习是因为我想找到自己工作以外的特长,因为这样才能做到领先别人一步。"

不难看出,像这样"着眼于自己感兴趣的某个领域或兴趣爱好来开展深度学习"的生活者,他们的心底其实或多或少都潜藏着一丝期待,期待着将来的某一天,自己的兴趣爱好能转化成自己的"独门绝技"。从另一个层面上来说,从前大家想要通过学习得到的,大多属于追求短期利益的"实用型"内容;而如今立足于长远的视点,期待最终可能会带来利益的"兴趣类"学习开始变得越来越受欢迎了。

我们用"兴趣技能"意向来定义这种意识。

小鹿 *Xiao Lu*

油画教室 Deer Art Lab
经营者 / 绘画老师

切实感受到油画培训市场在逐渐扩大

在我的学员里，既有真心想学绘画技巧的，也有对绘画毫无兴趣只是奔着拍照和晒而来的；既有为了作画送恋人的，也有想借绘画放松自我的……总之，各式各样的人都有。教室里最常见的光景就是，大家同处一室，频繁地互动和交流，完全不用顾虑师生之别。回想起我自己当学生时是很不一样的，因为跟老师岁数相差较大，除了学画以外并无其他更多交流。但现在呢，大家都像朋友一样，除了画画以外，我们还可以一起去看电影，一起旅游，互相倾述烦恼，完全可以说得上是大家共同打造的另一种"朋友圈"，60平米的教室对我们来说就像是一个属于大家的社交圈。

比起实用型技术，更想要"让生活更有趣的技能"

来到这里的大多数学员，目的都不是为了追求"对工作有用""能赚钱"等实用价值，而是为了"开启生活的另一扇窗"。现在是人手一台智能手机的年代，如果只是为了追求效率的话，绝对是只要拍照就好了，不过凡事都是有得必有失。掌握绘画技能的人，其实也意味着比常人多掌握了一个看待事物的角度。从这个意义上来说，绘画也算是一种能"让生活更有趣的技能"吧。说起来，我当初开设这个油画教室的初衷也正在于此呢。

意向❹

新的参与意识
"临场共创"意向

近来,像"2.5次元活动""电竞赛事"等等,针对某个主题拥有共同兴趣的人们聚在一起尽情狂欢的线下娱乐"文化"活动正变得越来越多。

我们采访了一位参加过某场动漫音乐会的李先生(25岁),他说:"现在网络如此普及,在网上就可以很容易结识到很多有共同兴趣爱好的朋友,但还是觉得在线下面对面一起玩更开心。而且,参加这类线下活动,不但可以交到很多新朋友,大家一起把活动现场气氛炒热的感觉也超级棒。说得夸张一点,就好比和大家聚在一起共同努力创造某些东西。这种一体感真是太好了。"

意向❹　"临场共创"意向

　　此外，今年还有一个值得注意的现象，就是沉浸式剧场的流行。剧场里设有多个房间，每个房间代表不同的故事线，观众既可以选择戴上面具跟随剧中人辗转于不同房间去体会某条相对完整的故事线，也可以选择临时充当群众演员去演绎某个故事场景。据有过观剧经历的王女士(41岁)说，"因为不只是在一旁观看，而是与演员们一起行动，甚至一起表演，其实就是观众也进入到了故事中，成了推动剧情发展的一部分。这种体验与以往的看戏是完全不一样的，有一种前所未有的真切感。"

　　以上两个例子都足以说明，生活者参与活动的方式和意识正在慢慢起变化：不再局限于线上玩乐，而是把范围扩展到了线下；不再停留于"观看"层面，而是身体力行，致力于共享欢乐时光。我们把这种新的参与意识概括为"临场共创"意向。

汤 佳宁 *Tang Jianing*

活动策划人

二次元相关线下活动人气高涨

日本的动漫文化一直人气很高,正规渠道的作品引进和手办等周边需要也一直很旺盛。近来,像现场演出、粉丝见面会等线下活动也举办得比较多,总体很受欢迎。我觉得这是因为这类线下活动同时也是粉丝们欢聚一堂的一个机会的缘故。如果是明星声优的话,聚会场面就更热烈了。即便只是转播日本官方举办的见面会的视频,到场的粉丝也很多,可以说是应者如云。像这种线下活动的火爆趋势,我相信今后除了上海之外,其他城市也会逐渐流行起来。

电子竞技类活动引人瞩目

近年来,稍显异类的新型文化活动"电子竞技"的人气很高,我们很容易就可以在各类活动现场找到对战类游戏的舞台。在电竞比赛现场,不管是参赛者还是观众,所有人的目光都汇聚在播放有战况的大型液晶屏幕上,大家共享着同样的激情。那种席卷全场的热烈情形是极富感染力的。在以前,或许游戏只不过是虚拟世界的一种玩乐罢了,但现在的游戏其实已经有了另一层涵义,那就是大家可以借此一起体验现场的感觉。

意向❺

新的充足感
"慢"意向

生活综研的办公室里有一位同事，每天早晨都会孜孜不倦地用手动研磨机磨咖啡豆，一副乐在其中的样子。还有人为了能随时享受悠闲时光，每次出差都不忘带上一整套便携式茶具。或许正是在他们的努力下，制作咖啡或茗茶的用具市场才得以不断扩大吧。

"虽然办公楼底层就有咖啡店，不过我还是喜欢自己做咖啡。在开始一天的工作前，慢慢地磨豆、手冲，然后享用。这段安静舒适的时间对我来说是必不可少的，几乎已经成了我的日课。我觉得，正是因为有了这段悠闲时光，我才能比较从容地切换到工作模式。"（刘女士 27岁）

意向❺ "慢"意向

　　近一两年来，很多商场、购物中心都纷纷开辟了DIY专区，市面上的DIY品牌也越来越多，DIY俨然已经成了一种"文化"。对此，有生活者表示欢迎："我经常去DIY专区还有手工体验店，因为觉得自己动手做东西很开心。我特别喜欢作品慢慢成形的过程，有一种特别满足的感觉。"(蒋女士　34岁)

　　可以说，在以前，绝大多数人都是一有碎片时间就玩手机的，人们似乎想要通过填满空余的时间来获得心灵上的充实感。不过，看起来，这种想法现在正在慢慢改变，越来越多的人已经开始更倾向于借助一段悠闲时光的力量来获取一种不一样的满足感。

何 桑 *He Sang*

咖啡师

"喝咖啡"已然成为一种文化

我是从2012年开始成为咖啡师的，当时大众对咖啡的主流印象是"连锁咖啡馆里咖啡机做出来的那种"，手冲咖啡还不多见。大概从3年前开始，大家对咖啡的认知好像慢慢有了改变，手冲咖啡也逐渐普及了起来。说起来，在中国咖啡本来就是舶来物，去咖啡馆喝咖啡这件事在过去一段时间内还被视为典型的中产生活方式象征之一，那时候人们主要是为了享受咖啡馆这一"场所"的氛围而去的。不过现在情况不同了，人们喜欢喝咖啡，更多是将它作为"饮品"本身来喜欢的。

透过"点单"
看咖啡文化的渗透

从点单率角度来说，以往大部分人喜欢的都是偏苦味的一类，不过，近年来喜欢偏酸口味的人正在慢慢变多。事实上，眼下好像全世界都比较流行酸味较强的咖啡。这一点似乎也可以说明，现在大家对咖啡的理解度已经有了很大的提高。我觉得，这是与常年的咖啡文化积累分不开的，因为只有充分领略了各类不同风味，才能真正找到自己所喜欢的口味。

意向❻

新的价值判断基准
"熟"意向

以前,中国的生活者喜欢追逐搭载有"最新技术"的商品的倾向比较明显。然而,近一两年来,"匠心之作""传统工艺"等等开始受追捧,直接或间接地带动了那些无"最新技术"、非"高科技"的产品开始受到关注,更多新的手工艺品市场也有望就此诞生。

我们采访了一位从鞋匠那里定制过皮鞋的林先生,这位37岁的IT公司职员说:"我一直都不大喜欢买那些大批量生产的产品,这是我最初考虑购买手工制品的原因。不过,更重要的是,当匠人亲自用手给我量脚时,当我有幸亲眼看到实际的制作过程时,我切身感受到了手工制品那种特有的温情,之后就完全对此着了迷。"

意向 ❻ "熟"意向

　　还有一位喜欢喝精酿啤酒的青年，31岁的秦先生告诉我们："大型企业生产的最新产品固然好，但最近开始觉得，像精酿啤酒这种小众的个性商品也很不错。不同季节出品的味道各有风味，每喝一次都是不同的享受。"

　　或许，对于如何判断一个产品的优劣这个问题，在他心里已经有了新的答案。并非只有搭载了"最新科技"的产品才是好产品，那些可以让人感受到手工手感、寄托着制作者温情的产品同样也是一种好的产品。

　　我们用"熟"意向来概括这种新的价值判断基准。

彭 文晖 *Peng Wenhui*

家具匠人 / 设计师

这几年，家具和工艺品类 工匠手工制品变得畅销了

曾经，家居设计领域几乎被舶来品牌所垄断；现在，不少蕴含中国哲学思想元素的国产品牌正在迅速崛起。这不仅说明中国的原创设计正在逐渐成熟，也说明社会层面对中国文化认知到一定深度后开始转向升华。这是一种自我文化觉醒带来的消费趋势变化，也可以反过来推动中国的产品设计更好地进化。同时，我也注意到，最近这几年，小批量生产的、大家所谓的手工制品也有慢慢走红的趋势，而这些在以前是只有少数懂行的人才会买的。也就是说，以前大家买东西都比较在意名牌效应，而现在大家比较讲究的是，一个产品是否属于原创、是否有设计感、是否有格调。我觉得这算是一个比较新的消费趋势吧。

采用中国传统接合技术的 家具设计开始受到好评

我刚开始设计制作家具时，曾经花了很多时间去研究中国和欧美国家的家居设计发展史。那时发现一个有趣的现象就是，欧美国家的家具设计曾经吸收过中国明式家具的造型元素，甚至部分采纳了中国的传统接合技术。我们也运用榫卯这种传统的木材接合技术，设计开发了一系列的中式家具产品。购买我们品牌的人群主要还是四五十岁的富裕阶层。他们以前是一味推崇国外设计的，但现在也开始慢慢懂得欣赏和接受传统工艺了。

49

意向❼

新的设计意识
"新中式"意向

这几年来,以中国传统美学为基础,再添加现代化元素融合而成的"新中式设计"家具变得越发受人瞩目了。

我们采访了一位非常中意新中式家具的郑女士(27岁),她说:"从前一直都觉得,桌椅的设计还是国外的好。但当我看到现代中式设计风格的家具后,感到十分新鲜。本来,作为一个中国人,我对中国风的东西天生就很喜欢,这个基础上再添加现代元素的话,就更有吸引力啦。我还想着,今后也要多去挖掘一些类似设计风格的东西。"

意向 ❼ "新中式"意向

　　现在，饮食界的"中西合璧"现象是越来越多了。在中餐厅里，我们不仅可以看到墙上设置的红酒架，还可以听到舒缓流淌的爵士乐，尝到运用西方食材制作而成的创意菜。作为这类新式中餐馆的常客，潘先生（32岁）的说法具有一定的代表性："以前在外面吃的几乎都是西餐，因为觉得中国菜在家里也可以吃到。但是最近去吃中国菜的机会明显变多了。我一般去的都是具有现代风格的中餐厅，那里有一种无论在家里还是西餐厅都吃不到的味道。"

　　我们把这种新的设计意识定义为"新中式"意向。

邓 乃瑄 *Nicole Teng*

设计品牌 Brut Cake 创始人
兼设计师

几年前顾客几乎全是外国人，现在中国客人多了起来

　　Brut Cake 既是品牌名，也是我的作品想要传达的一个设计理念。在法语中，Brut 意指"粗糙的""原始的""未经加工的""不完美的"，Cake 则寓意"生活中的小幸福"。店铺最开始卖的是陶艺产品，还有一些拼布家具、布艺作品等等，多数都是利用旧物创意翻新而成。刚刚开业时，八成客人都来自国外，几乎没什么中国客人。可能是因为当时大家还不大理解旧物翻新的价值，或者说，当时大家还不是很在乎作品背后的创意或故事，遇到过有客人评价拼布服装说，这种打补丁的衣服像乞丐穿的。不过，最近这几年，对我的作品感兴趣的中国客人越来越多了，也可能跟媒体开始宣扬生活美学有关吧。现在，小店已经有了不少中国顾客。

想要创作具有现代风格的中式作品

　　我开始创作是在 2009 年左右，那时候正是经济高速发展的时期，人们普遍热衷于去旧换新。确实，有很多传统的东西已经变得不大符合现代人的口味了，但我还是认为，旧物是有价值的，既有故事也有时代感。像具有中国元素的旧物，只要给它加入新的创意进行翻新，就能变得更合时宜，产生新的价值。我觉得这是非常有意义的，因为它是有温度的，能让人们更多地感受到美。

　　我也相信，这样的价值观在今后一定会日益渗透，带动像咖啡馆、宾馆等更多行业的推陈出新。

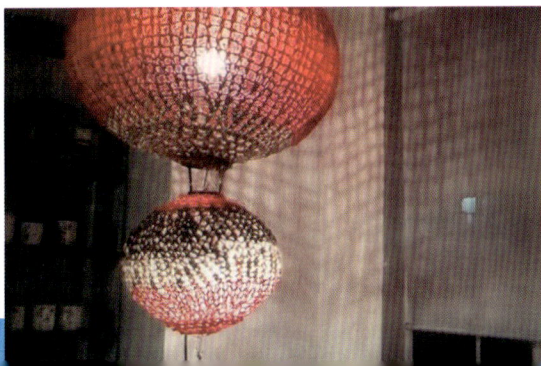

"文化消费"背后的
七个意向

"日常质感"意向

"涵养提升"意向

"兴趣技能"意向

"临场共创"意向

"慢"意向

"熟"意向

"新中式"意向

朱 迪 *Zhu Di*

社会科学院副研究员

引领今后消费市场的
新中产群体

可以说，迄今为止的大部分消费潮流都是富裕群体带动起来的。典型的像境外旅游、购买奢侈品等，最初总是富人们先行动起来，然后普通人接着跟上。但是，从形势上来看，今后引领消费的更可能是日益壮大的中产阶层。他们带动的消费，也将超出"奢侈消费"这一领域，延伸为广义上的"消费升级"以及"追求高品质和性价比的消费"。也就是说，今后更多人将摒弃盲目追求档次或流行的消费方式，转而追求一种更符合自我需求和购买力的消费方式，并且更看重能够带来乐趣和满足感的消费。

针对新中产群体的
商品开发有待完善

事实上，就国内的消费市场而言，面向新中产群体的商品供给还是很不完善的。要么旨在满足富裕人群的高端需求，要么着眼廉价粗糙商品的供给，而中等收入群体对于设计精美、质量可靠而又价格适中的消费需求未得到充分满足，很大一部分中产消费者只能转向海外市场。也正是因此，"海淘"得以保持了数年来一贯的长盛不衰。同时，随着电商的不断扩张，高品质有格调的商品也开始日益渗透日常生活。可以预见的是，今后面向新中产群体的商品开发将变得越来越重要。

"文化消费"背后的
根本欲求

消费意向的变化

纵观"文化消费"背后的七个意向则不难发现：无论是没有明确目的的"涵养提升"，还是特意营造的"慢"时光，或是执着追求的"熟"价值，其实

【以往的消费】

"隆重排场"意向
"购买充足"意向
"实用技术"意向
"在线连接"意向
"快"意向
"新"意向
"偏国外"意向

↓

高 效

省 力

追求的都是享受某种"徒劳"或"费力";而相对来说,以往的消费则更多的是为了追求实际利益,追求的是一种即刻入手,重视的是"高效"和"省力"。

【文化消费】

"日常质感"意向
"涵养提升"意向
"兴趣技能"意向
"临场共创"意向
"慢"意向
"熟"意向
"新中式"意向

徒 劳

费 力

消费意向的变化

其实我们还可以从"文化消费"的七个意向中归纳出另一个比较大的整体倾向,那就是:

不再一味地追求"花钱装点门面",而是转为追求"用自己喜欢的东西""做自己喜欢的事并有所成长""培养一门自己的独门秘技"等等。贯穿这些心声的,是一个共同的关键词:"自己"——反映了广大生活者追求自我的愿望日益强烈。

新中产群体或许已经开始意识到:长年共同追逐世间流行的结果,

【以往的消费】

注重"他人的看法"

自己和周围的人其实在慢慢地同质化——大家都拥有同样的东西，体验同样的事情。作为对这种同质化现象的逆反，他们彰显个性的欲望相对从前有所增强。另一方面，之前积累的消费经验直接带动了他们的自我觉醒，新中产群体开始更懂得自己喜欢什么需要什么，因而学会了更明确地追求自己的心头之好。

概括地说，迄今为止的消费追求的是"大众的喜好"和"世间的流行"，在乎的是"他人的看法"，而现在的"文化消费"注重的则是"自己的看法"。

【文化消费】

注重"自己的看法"

"文化消费"的根本欲求

　　我们先回头思考一下,为什么以往的消费会注重是否"高效"和"省力"?我们认为,那是因为以前追求的是"购物或体验的量"的增加,在意的是"他人的看法"。因为比较在乎他人怎么看,所以才需要积累"量",才会想要尽量做到"高效"和"省力"。与此相对,"文化消费"追求的是"感性

【以往的消费】

高 效

省 力

他人的看法

▼

追求
"购物或体验的量"的增加

与知性的质"的拓展,落实到具体的行为层面,则体现为乐于享受看似无功的"徒劳"和"费力"的过程,而这一切归根结底,其实都源于"文化消费"的立足点是"自己的看法"。

【文化消费】

徒 劳

费 力

自己的看法

追求
"感性与知性的质"的拓展

"文化消费"的根本欲求

为了方便理解，我们可以将以往的消费所得，即"购物或体验的量"的增加归纳成"富裕""充裕"的"裕"，将"文化消费"所指向的"感性与知性的质"的拓展定义为"有余""多余"的"余"。以往的求"量"消费意在充"裕"，而"文化消费"则是为了拓展感性和知性，继而生"余"。"裕"讲的

【以往的消费】

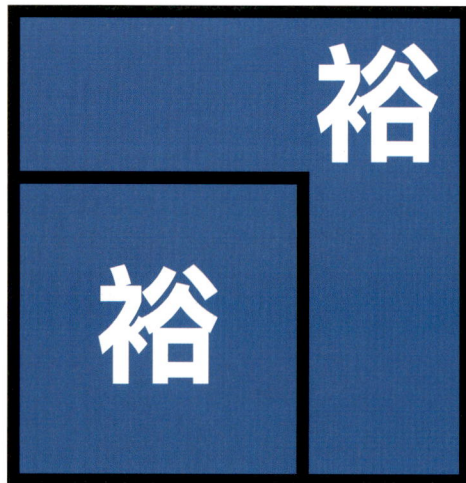

是可见于表的事物,而"余"讲的是不可见的内心世界。事实上,由于求"量"心理依然强烈的缘故,生活者实际上是在增加"裕"的同时又开始了"余"的拓展活动,两者交汇而成的成果就是"余裕"(多见于古汉语,"宽裕"的意思)。

【文化消费】

根本欲求

通过"文化消费",在追求自我的同时,
拥有/创造/享受"余"

我们认为,驱动"文化消费"的根本欲求就在于借此发挥自己的兴趣爱好并追求自我,同时通过接触"文化"来实现"感性与知性的质"的拓展,继而得"余"。我们尝试着用一个造词"余乐"来表现这种欲求。

"余乐"发音同"娱乐"。如果单纯着眼于享受"徒劳"这一点的话,"文化消费"其实也近似于娱乐。不过,我们更想强调的是,"余乐"不是单纯意义上的消遣,它的性质其实更接近有助于开阔心胸的"生产活动"。

在古汉语中,"余"也可以代指"自己",所以"余乐"也可以解释为"自己之乐"。"乐"字的不同发音"yuè"有一说是古代丝弦乐器的象形字,本意代表"音乐",由此延伸开来,就像音乐足以跨越时空一样,"余乐"也寓意"感性与知性的质"的拓展。

由既有的"求'裕(购物或体验的量)'的增加"心理累加"求'余(感性与知性的质)'的拓展"心理而成的这一新欲求,或许可以用沙漏来比拟。如果把沙子(象征"裕")的滴落视为充"裕"(追求富裕)行为的话,由此释放出来的顶部空间则可以看成是"余",沙子的不断滴落则可以象征生活者的求"裕"情绪正在弱化。如果我们能做到不是一味地被滴落的沙子牵着视线走,而是把更多的注意力集中到沙漏顶部的话,就不难发现:上面有不断扩展的留白空间,而留白则意味着舒缓,意味着精神上留有余地。

余乐

3

"文化消费"的新视点及市场营销启示

"余乐"营销

那么,我们该如何面对尽享"余乐"的生活者呢?

作为企业,首当其冲要先做好美术展、音乐会等我们称之为"纯文化"的后援和合作举办工作。这一点,相信大家都能马上想到吧。

其实,我们还可以从生活者想通过"文化消费"取得的"收获"角度出发来思考这个问题的答案。记得在上一章节,我们得出了一个结论是:生活者想通过实践"文化消费"追求"余",亦即"感性与知性的拓展"。接下来我们想探讨的是,这个结论能带给我们哪些可以帮助企业对应"余乐"的启示。

在日常生活中找到"余",并以此为新视点去开展市场营销活动——我们将其命名为"余乐"营销。以下就围绕各种"余乐"营销来展开说明。

从 **时间** 切入找**"余"**

改变时间的"尺度"

　　近两三年来,城市中出现了一些设计感较强的高级茶馆,去过的人通常都会产生一个感觉就是,置身其中是很容易忘记时间的。或许,很多时候我们之所以能感受到心有"余"力,就是因为我们感受到了类似的"不同寻常的时间流"吧。从这个角度出发,我们完全可以尝试着通过改变"时间流"或"时间感",亦即"时间尺度"来获取"余"。以下将这种找"余"方法称为"余悠"。

"余悠"

1 慢下来

即让"时间流"慢下来的做法。

例如，可以借用香薰或者音乐来营造"慢空间"。

2 放大时间

即将时间的"密度"单位由分秒调至年月日的做法。

例如，可以开发像"十年后的日历"这类以"十年"为刻度的产品，或是"再现百年老味的食品"等以"百年"为刻度的产品。

从 **档次** 切入找 **"余"**

改变档次的"基准"

　　也许是深不见里，也许是门口总有像保安的人站着，市面上大多数的名牌店都容易给人一种微妙的望而却步感。当然，也有例外。之前就有个高档品牌因为门面氛围设计得好而实现了客如云来，一时风头无二。它的做法其实就是通过降低"门槛"来缓解顾客的紧张心理。我们认为，这种改变档次"基准"的做法是有助于"余乐"营销的。以下将这类手法称为"余缓"。

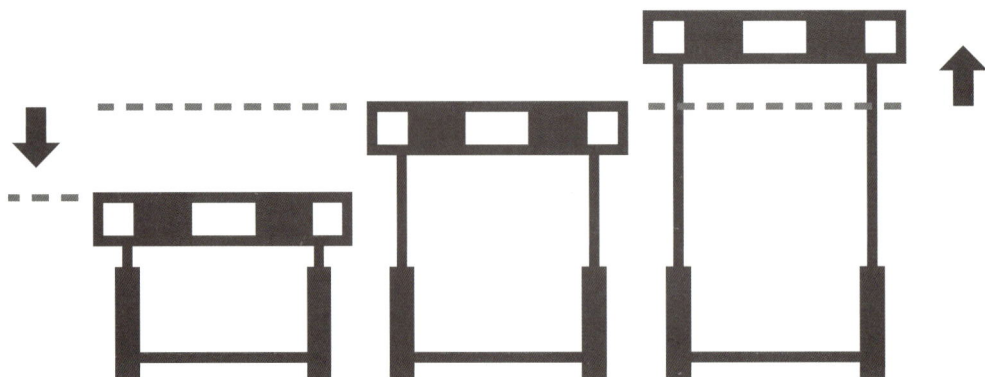

"余缓"

1 推出"亲民副线"

简单地说，就是调低高档品牌的"门槛"。

例如，可以在高档品牌店内开设风格更为随意的咖啡角，或者在高档品牌

的推广活动中运用动漫等轻快元素。

2 做到"价平物美"

就是提升大众商品或平价商品的质感的做法。

例如传统小吃店的门面升级，可以通过增加设计感来营造美好的进餐氛围；

还有，零食、方便面类可以走高端化路线。

从 感官 切入找 "余"

改变感官的"感受"

近两三年来，钢笔爱好者似乎多了起来。在这个大家都习惯用电脑或手机做记录的时代，这些喜欢用钢笔的人寻求的或许是一种手感，一种触感，一种别样的味道吧。以下，我们将这种通过改变感官的"感受"来获取"余"的做法称为"余味"。

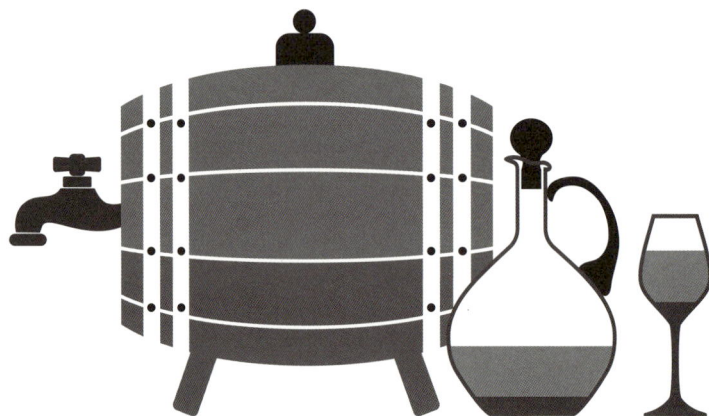

"余味"

1 强调材质触感

例如,可以使用手感或触感较好的材料来制作外包装或外壳等。这种手法比较适合运用于智能手机等触控类产品,以及饮料、化妆品的外包装。

2 带出不同风味

这种手法比较适用于饮料或食品领域。例如,可以通过保留部分杂味或是特意添加某种异味来增添别样风味。

从 **习惯** 切入找 **"余"**

改变行事的 "节奏"

　　在第二章中我们提到过,这两三年中,喜欢自己动手制作手冲咖啡的人增多了,原因之一是它可以生成不同寻常的做事顺序和节奏,创造出新的生活旋律,有利于舒展情绪。我们将这种通过改变行事"节奏"来得"余"的做法称为"余行"。

AM 7:00

"余行"

1 惯例化

例如,做一个宣扬"周五是用某商品的日子"的推广活动,帮助大家养成固定使用某商品的习惯。

2 仪式化

例如,煞有介事地宣扬"某种酒精饮料这样喝才正宗",或者提倡"早餐面包这样吃,才算真会吃"等等,借用"流派"之名来推广商品。

从 兴趣 切入找 "余"

改变兴趣的"范围"

　　在网络购书已渐成主流的今天，偶尔去逛线下书店也有不一样的乐趣。比如说，可以集中阅读自己一贯喜欢的某个类别，也可以兴致所至随手翻阅其他门类的书刊，有时候还会接触到意想不到的书，给自己多添几分文化的兴致。我们将这种通过拓展兴趣"范围"的做法称为"余遇"。

"余遇"

1 混编

创造邂逅平常不容易接触到的事物的机会。

除"福袋"等混搭销售手法以外，也可以考虑给消费者创造更多可供其自由

组合所需商品的机会。

2 略偏

生活者似乎更习惯于通过输入关键词去"大海捞针"，而不是按照相对

固定的类别依次寻觅。考虑到这一点，我们大可在一开始就设置尽可能多的

商品"标签"，借以提高"对此商品略感兴趣的人"接触该商品的机率。

从 **x** 切入找"余"

改变既定的"规范"

　　像用西洋食材做传统中国菜,用京剧演绎现代故事一样,将不同性质的元素组合在一起的做法往往能够出奇制胜。还有,亚文化之所以能在年轻人当中流行起来,其实也是因为同样的道理,就是因为这类做法超越了既定规范,因而得以别具一格,有了不同寻常的生机。我们将这类做法称为"创余"。

"创余"

1 融汇出新

像中式×西式、传统×现代的组合等等,融合的做法可以有很多很多。

2 挪作他用

不走主流路线,不拘泥于商品的原有用途,而是将商品用在别处的一种做法。

例如,将水果摆成花束用作装饰的做法就是一个很好的例子。

"余乐"营销

余乐

"余悠"

改变时间的"尺度"
1. 慢下来
2. 放大时间

"余缓"

改变档次的"基准"
1. 推出"亲民副线"
2. 做到"价平物美"

"余味"

改变感官的"感受"
1. 强调材质触感
2. 带出不同风味

"余行"

改变行事的"节奏"
1. 惯例化
2. 仪式化

"余遇"

改变兴趣的"范围"
1. 混编
2. 略偏

"创余"

改变既定的"规范"
1. 融汇出新
2. 挪作他用

【后记】

有了"余"力的生活者
开始享受和引领"文化消费"

数年以前，大多数中国的生活者更讲究的是"实惠"，崇尚的是带有褒义的"精明消费"，就像我们常听到人们在说"功能相同的话就选价格便宜的""只要能用，质量差一点也不要紧"，似乎这样才是"会过日子"的。不过近几年，情形开始慢慢起了变化。人们在消费时的台词也逐渐变成了"宁愿贵一点也要买质感好的""功能差一点不要紧，更希望外观设计得好看一点"等等。不仅如此，"愿意花钱买好的服务"的人也在渐渐增多。

连续几年的经济发展改变了人们的消费理念。比起未雨绸缪的储蓄或者小心翼翼的量入为出，大家显然变得更乐意享受眼下花钱的乐趣。另一方面，买名牌、出国旅游等传统的"高档消费"几乎都已因为——经历过而失去了初始的吸引力。人们开始觉得有点空虚，希望在日常生活中寻找相应的消解方法。于是，一些人开始学绘画学乐器，一些人开始投身于品酒、调咖啡、学插花……人们纷纷开始投入更多的时间、财力和劳力去享受广袤的生活文化的无尽乐趣。

自我教育的方向也开始出现了改变。比较典型的是，以前有很多人会为了提升个人竞争力而努力抽时间去学外语、去上MBA班。而现在，特意花时间费工夫去学习与现有工作或专业领域没有太大关系的"文化"的人有了明显增加。这一趋势在新中产群体中表现得尤为突出。

本次研究着眼的正是这个肩负着牵引和开创"文化消费"重任的新中产群体。

在研究不断深入的过程中,我们内部产生了一个较大的争议问题,那就是,"文化消费"与"娱乐消费"究竟有何不同?一般来说,"娱乐"是指在工作或必须劳动以外的余暇时间里进行的活动,意义在于消磨时间;"文化消费"则远非为了消磨时间,而是可以帮助我们感受各种心灵情感,带给我们更多精神余力的活动。我们尝试将这种心灵上的宽裕定义为"余",把"文化消费"的根本欲求用一个造词"余乐"(发音同娱乐)表现出来,中国的生活者正是在拥有、创造和享受"余"的实践过程中获得了更充分享受"文化消费"之乐的力量。

我们认为,中国生活者尤其是新中产群体的消费意识已经出现了质的转变,他们已经不再只是追求购物和体验,而是开始踏上了探索更多消费活动背后的文化感受之路,而这个意识转变势必会影响包括信息行为、消费行为在内的各个生活领域,以及每个人的生活方式乃至生活全局。我们由衷地希望,今后能和各界企业同仁一道,继续关注和研究"余乐"这个课题,找到更多属于中国生活者的意识行为的变化。

博报堂生活综研(上海)　全体研究员

Side Reader

1. 博报堂Global HABIT中国篇 数据集

2. 中美日三国"文化消费"意识行为调查 数据集

3. "我心目中的理想假日"主题绘画调查 结果一览

Global HABIT®

博报堂Global HABIT
中国篇 数据集

调查城市:

北京、上海、广州

调查对象:

15-54岁男女　中高收入群体

样本数:

2,400人(800人×3城市)

调查时期:

每年5月~8月

对目前的生活感到满足

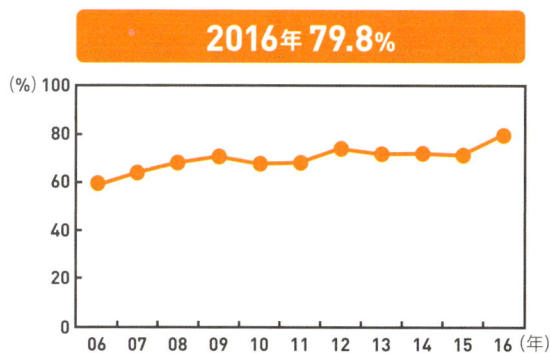

2016年 79.8%

（%）

想要磨炼自己的感知感受

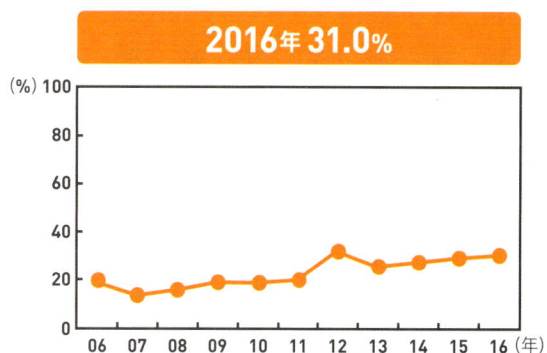

2016年 31.0%

（%）

有一生喜欢的兴趣爱好

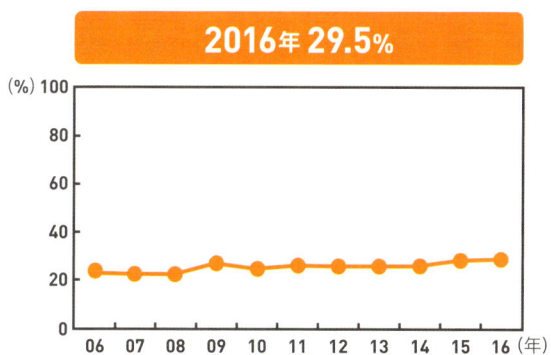

2016年 29.5%

（%）

喜欢在一个地方落下脚来悠闲享受

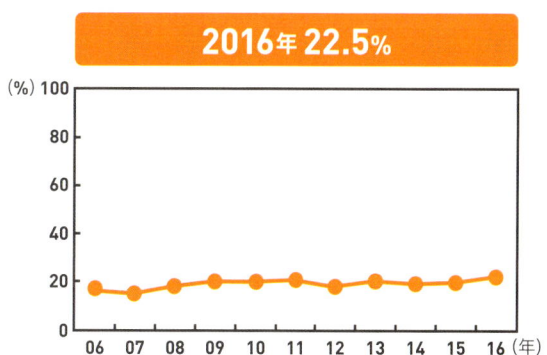

2016年 22.5%

（%）

想制作独一无二的只属于自己的衣服饰物

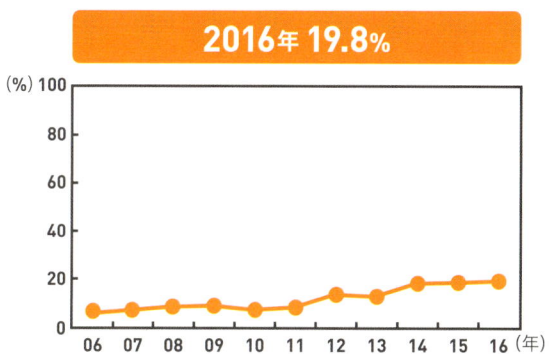

2016年 19.8%

（%）

对内衣等不显于人前的服饰也比较讲究

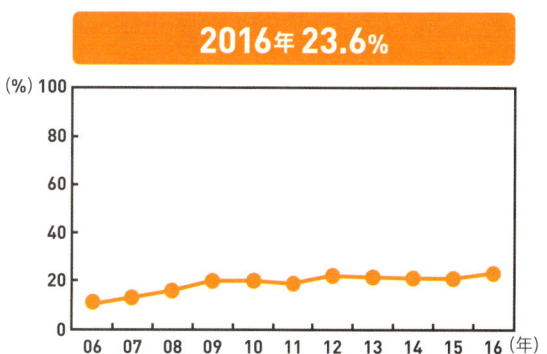

2016年 23.6%

（%）

购物时更注重商品的设计而非功能

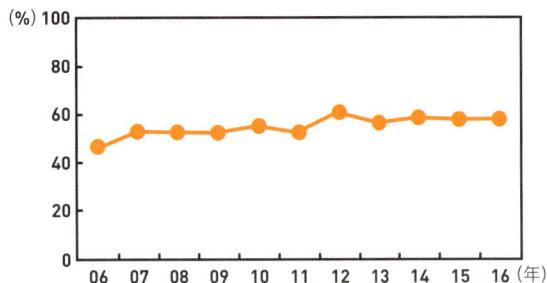

2016年 58.9%

购物时更注重商品的功能而非设计

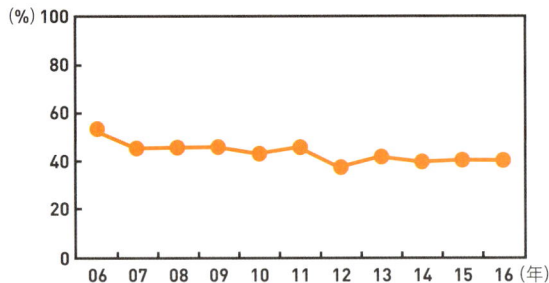

2016年 41.1%

目前在外出就餐上花钱

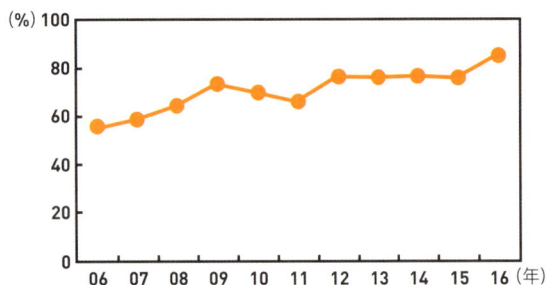

2016年 86.3%

目前在旅游以外的休闲上花钱

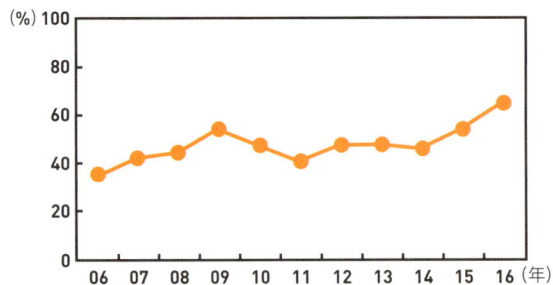

2016年 65.8%

目前在旅游上花钱

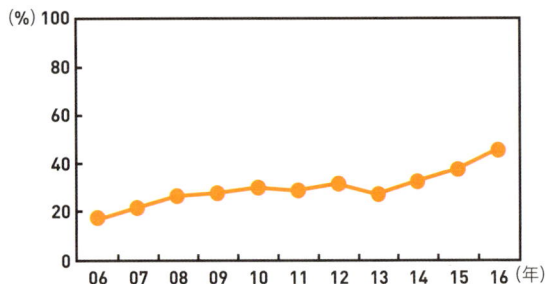

2016年 46.3%

目前在自我学习修养上花钱

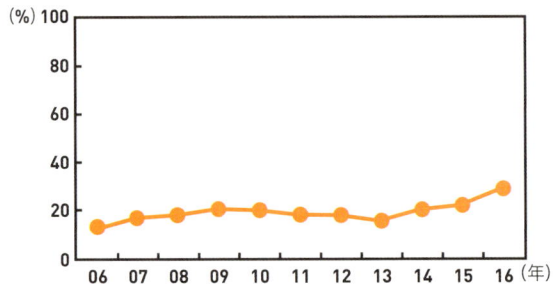

2016年 29.4%

最近一年内去了被媒体报道或推介的餐厅

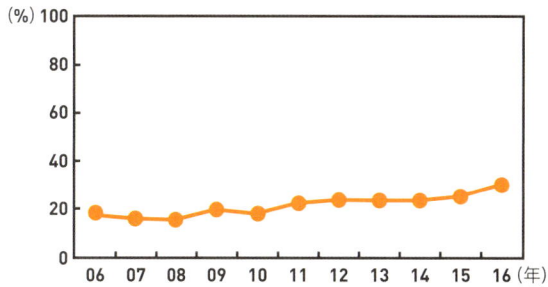

最近一年内参加了社会公益活动

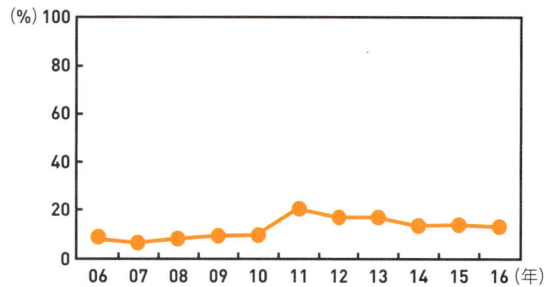

最近一年内吃过人均300元以上的餐厅

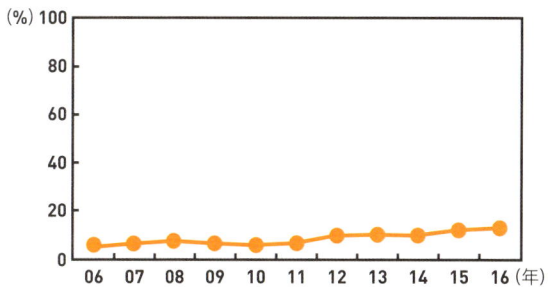

最近一年内掌握或取得了某项技术、资格

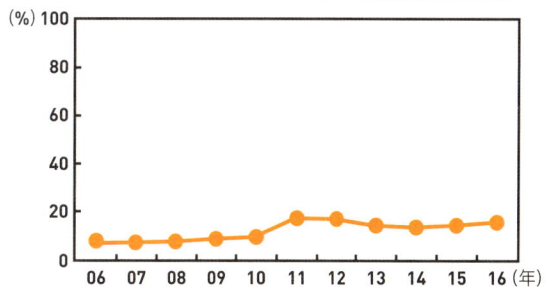

想学些马上用得上的实用性知识

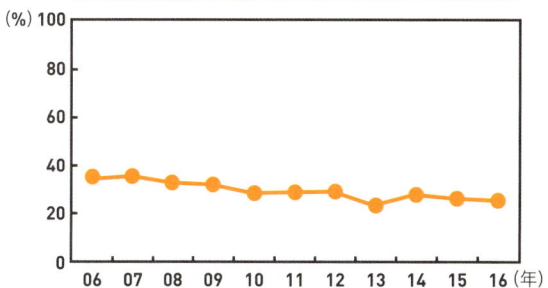

想学些与中国的传统和文化有关的知识

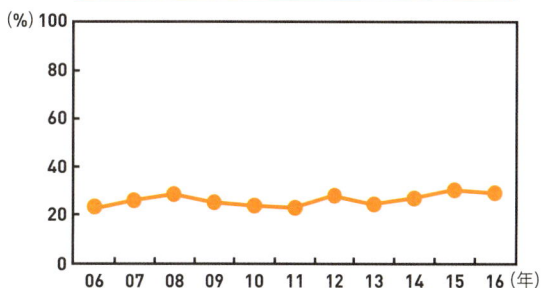

中美日三国
文化消费意识行为调查 数据集

调查城市：

中国：北京、上海、广州

美国：纽约、洛杉矶

日本：东京、大阪

调查对象：

各国25-54岁男女

中国：家庭月收12,000~35,000元

美国：家庭年收5~10万美元

日本：家庭年收500~1,000万日元

样本数：

中国：900人

美国：600人

日本：600人

调查时期：

2017年10月

调查机构：

中国　央视市场研究股份有限公司(CTR)

美日　明路市场调查（上海）有限公司(MACROMILL,INC.)

Q.比起4、5年前，您现在的物质生活更丰富了吗？

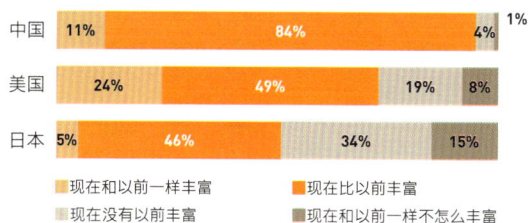

中国	11%	84%	4%	1%
美国	24%	49%	19%	8%
日本	5%	46%	34%	15%

■ 现在和以前一样丰富　　■ 现在比以前丰富
■ 现在没有以前丰富　　■ 现在和以前一样不怎么丰富

Q.比起4、5年前，您现在的文化生活更丰富了吗？

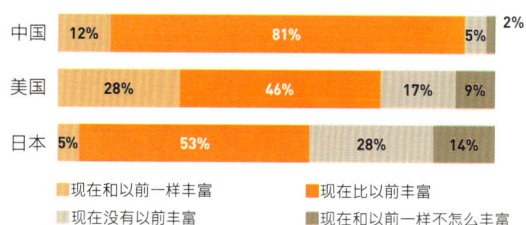

中国	12%	81%	5%	2%
美国	28%	46%	17%	9%
日本	5%	53%	28%	14%

■ 现在和以前一样丰富　　■ 现在比以前丰富
■ 现在没有以前丰富　　■ 现在和以前一样不怎么丰富

Q.您对"衣"领域的相关"文化"感兴趣吗？

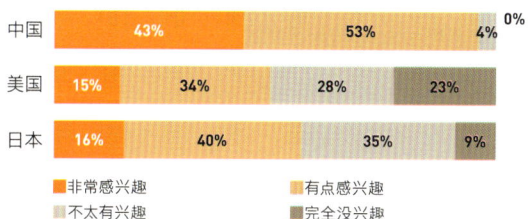

中国	43%	53%	4%	0%
美国	15%	34%	28%	23%
日本	16%	40%	35%	9%

■ 非常感兴趣　　■ 有点感兴趣
■ 不太有兴趣　　■ 完全没兴趣

Q.您会因为"衣"领域的相关"文化"而在上面花更多的钱吗？

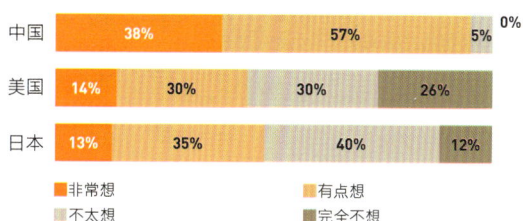

中国	38%	57%	5%	0%
美国	14%	30%	30%	26%
日本	13%	35%	40%	12%

■ 非常想　　■ 有点想
■ 不太想　　■ 完全不想

Q.您对"食"领域的相关"文化"感兴趣吗？

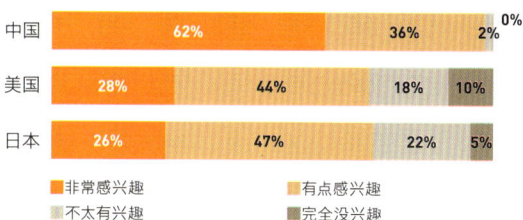

中国	62%	36%	2%	0%
美国	28%	44%	18%	10%
日本	26%	47%	22%	5%

■ 非常感兴趣　　■ 有点感兴趣
■ 不太有兴趣　　■ 完全没兴趣

Q.您会因为"食"领域的相关"文化"而在上面花更多的钱吗？

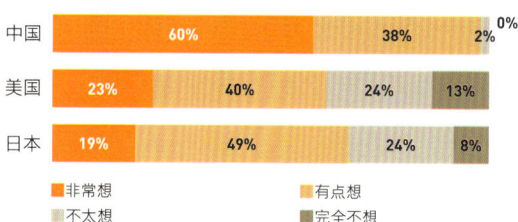

中国	60%	38%	2%	0%
美国	23%	40%	24%	13%
日本	19%	49%	24%	8%

■ 非常想　　■ 有点想
■ 不太想　　■ 完全不想

Q.您对"住"领域的相关"文化"感兴趣吗？

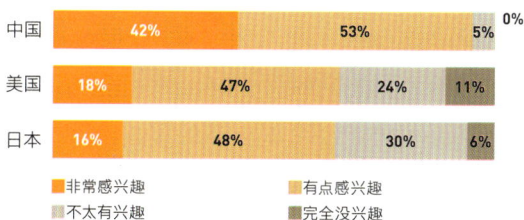

中国	42%	53%	5%	0%
美国	18%	47%	24%	11%
日本	16%	48%	30%	6%

■ 非常感兴趣　　■ 有点感兴趣
■ 不太有兴趣　　■ 完全没兴趣

Q.您会因为"住"领域的相关"文化"而在上面花更多的钱吗？

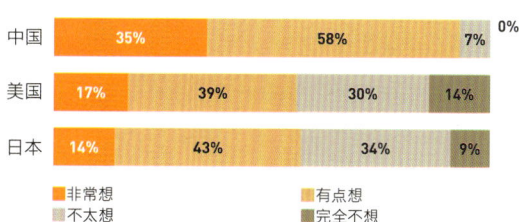

中国	35%	58%	7%	0%
美国	17%	39%	30%	14%
日本	14%	43%	34%	9%

■ 非常想　　■ 有点想
■ 不太想　　■ 完全不想

Q.您对"学习"领域的相关"文化"感兴趣吗?

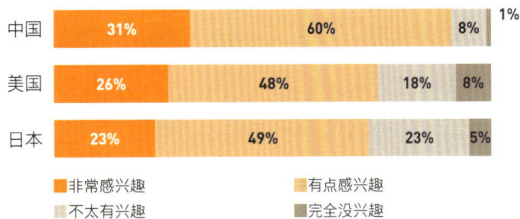

国家	非常感兴趣	有点感兴趣	不太有兴趣	完全没兴趣
中国	31%	60%	8%	1%
美国	26%	48%	18%	8%
日本	23%	49%	23%	5%

■非常感兴趣　■有点感兴趣
■不太有兴趣　■完全没兴趣

Q.您会因为"学习"领域的相关"文化"而在上面花更多的钱吗?

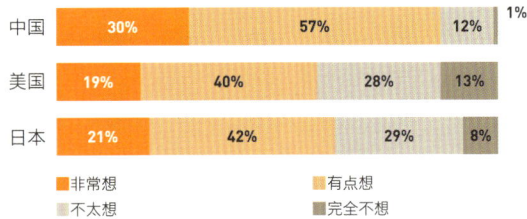

国家	非常想	有点想	不太想	完全不想
中国	30%	57%	12%	1%
美国	19%	40%	28%	13%
日本	21%	42%	29%	8%

■非常想　■有点想
■不太想　■完全不想

Q.您对"运动"领域的相关"文化"感兴趣吗?

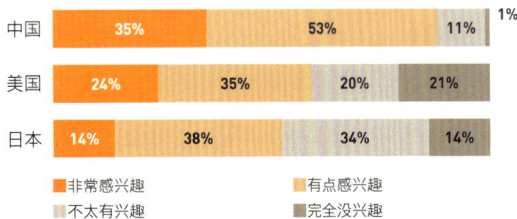

国家	非常感兴趣	有点感兴趣	不太有兴趣	完全没兴趣
中国	35%	53%	11%	1%
美国	24%	35%	20%	21%
日本	14%	38%	34%	14%

■非常感兴趣　■有点感兴趣
■不太有兴趣　■完全没兴趣

Q.您会因为"运动"领域的相关"文化"而在上面花更多的钱吗?

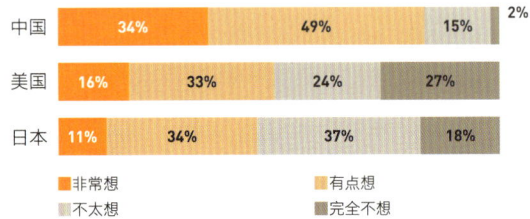

国家	非常想	有点想	不太想	完全不想
中国	34%	49%	15%	2%
美国	16%	33%	24%	27%
日本	11%	34%	37%	18%

■非常想　■有点想
■不太想　■完全不想

Q.以下两种情况,哪一种更接近您的真实情况?

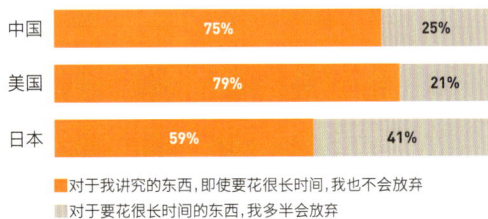

国家		
中国	75%	25%
美国	79%	21%
日本	59%	41%

■对于我讲究的东西,即使要花很长时间,我也不会放弃
■对于要花很长时间的东西,我多半会放弃

Q.与以前相比,您现在对悠闲放松的休假方式更感兴趣了吗?

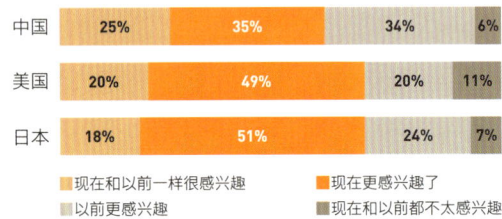

国家	现在和以前一样很感兴趣	现在更感兴趣了	以前更感兴趣	现在和以前都不太感兴趣
中国	25%	35%	34%	6%
美国	20%	49%	20%	11%
日本	18%	51%	24%	7%

■现在和以前一样很感兴趣　■现在更感兴趣了
■以前更感兴趣　■现在和以前都不太感兴趣

Q.与以前相比,您更重视效率了吗?

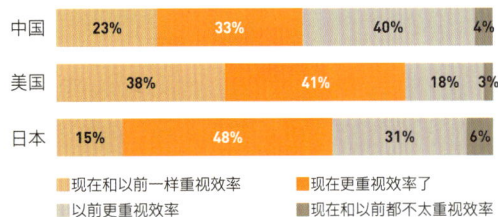

国家	现在和以前一样重视效率	现在更重视效率了	以前更重视效率	现在和以前都不太重视效率
中国	23%	33%	40%	4%
美国	38%	41%	18%	3%
日本	15%	48%	31%	6%

■现在和以前一样重视效率　■现在更重视效率了
■以前更重视效率　■现在和以前都不太重视效率

Q.与以前相比,您对当季流行、时尚或潮流的东西更感兴趣了吗?

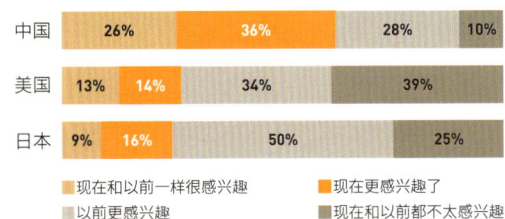

国家	现在和以前一样很感兴趣	现在更感兴趣了	以前更感兴趣	现在和以前都不太感兴趣
中国	26%	36%	28%	10%
美国	13%	14%	34%	39%
日本	9%	16%	50%	25%

■现在和以前一样很感兴趣　■现在更感兴趣了
■以前更感兴趣　■现在和以前都不太感兴趣

Q.碰到不太了解的事或物时，您通常会怎么做？

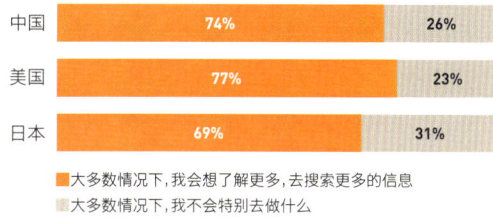

中国	74%	26%
美国	77%	23%
日本	69%	31%

■ 大多数情况下，我会想了解更多，去搜索更多的信息
■ 大多数情况下，我不会特别去做什么

Q.在鉴赏名画，或听知名音乐时，您的想法通常更接近以下哪种描述？

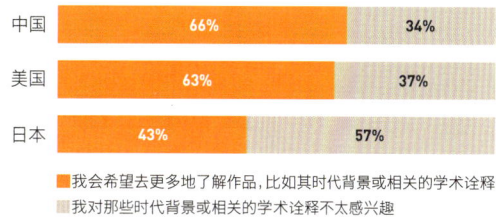

中国	66%	34%
美国	63%	37%
日本	43%	57%

■ 我会希望去更多地了解作品，比如其时代背景或相关的学术诠释
■ 我对那些时代背景或相关的学术诠释不太感兴趣

Q.在购买日常生活用品时，您通常是如何挑选的？

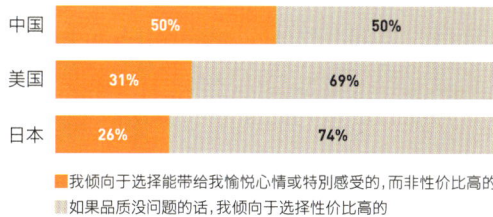

中国	50%	50%
美国	31%	69%
日本	26%	74%

■ 我倾向于选择能带给我愉悦心情或特别感受的，而非性价比高的
■ 如果品质没问题的话，我倾向于选择性价比高的

Q.相对而言，您更重视"结果/效果"还是更重视"享受其过程"？

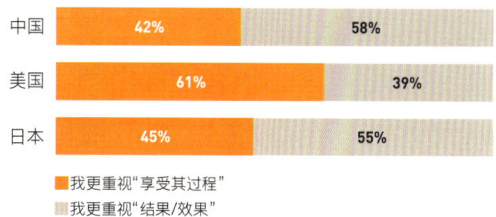

中国	42%	58%
美国	61%	39%
日本	45%	55%

■ 我更重视"享受其过程"
■ 我更重视"结果/效果"

Q.您对"费工费时经营日常生活"的看法更接近以下哪种？

中国	65%	35%
美国	69%	31%
日本	68%	32%

■ 我觉得有价值，值得的时候比较多
■ 我觉得有点浪费，不值得的时候比较多

Q.您对"费工费时做出来的产品"的看法更接近以下哪种？

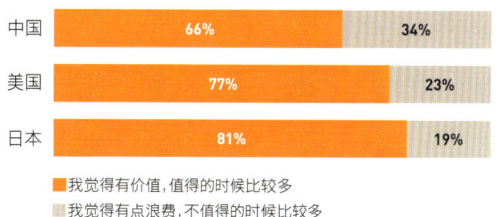

中国	66%	34%
美国	77%	23%
日本	81%	19%

■ 我觉得有价值，值得的时候比较多
■ 我觉得有点浪费，不值得的时候比较多

Q.与以前相比，您对传统技术、工匠技艺方面的东西更感兴趣了吗？

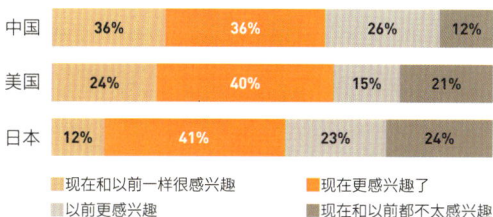

中国	36%	36%	26%	12%
美国	24%	40%	15%	21%
日本	12%	41%	23%	24%

■ 现在和以前一样很感兴趣　■ 现在更感兴趣了
■ 以前更感兴趣　■ 现在和以前都不太感兴趣

Q.与以前相比，您觉得厨师、木匠等"手艺人"的社会地位有变化吗？

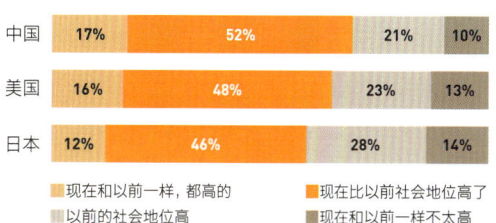

中国	17%	52%	21%	10%
美国	16%	48%	23%	13%
日本	12%	46%	28%	14%

■ 现在和以前一样，都高的　■ 现在比以前社会地位高了
■ 以前的社会地位高　■ 现在和以前一样不太高

Q.与以前相比,
您现在对外国的历史、文化更感兴趣了吗?

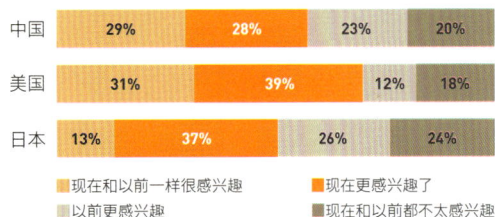

中国	29%	28%	23%	20%
美国	31%	39%	12%	18%
日本	13%	37%	26%	24%

■现在和以前一样很感兴趣　■现在更感兴趣了
■以前更感兴趣　■现在和以前都不太感兴趣

Q.与以前相比,
您现在对中国的历史、文化更感兴趣了吗?

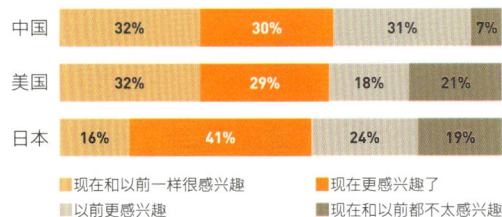

中国	32%	30%	31%	7%
美国	32%	29%	18%	21%
日本	16%	41%	24%	19%

■现在和以前一样很感兴趣　■现在更感兴趣了
■以前更感兴趣　■现在和以前都不太感兴趣

Q.对于"用过的旧东西",
您会对其有特殊感情吗?

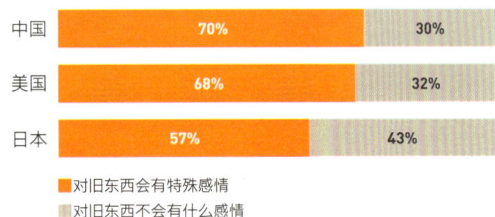

中国	70%	30%
美国	68%	32%
日本	57%	43%

■对旧东西会有特殊感情
■对旧东西不会有什么感情

Q.对于"在传统中加入现代元素"的做法,
您是如何看待的?

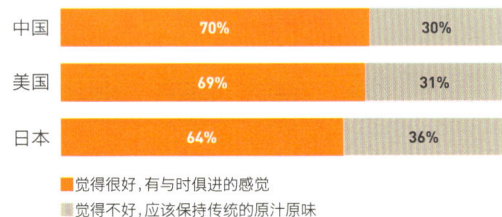

中国	70%	30%
美国	69%	31%
日本	64%	36%

■觉得很好,有与时俱进的感觉
■觉得不好,应该保持传统的原汁原味

Q.不考虑语言因素的话,您是否有自信
向外国人介绍自己的国家及本国文化?

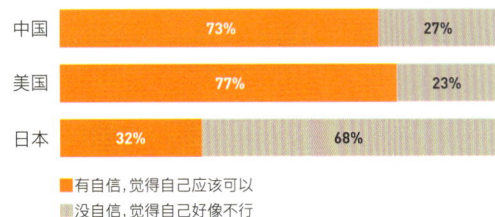

中国	73%	27%
美国	77%	23%
日本	32%	68%

■有自信,觉得自己应该可以
■没自信,觉得自己好像不行

Q.您是否想更多了解自己的国家及本国文化,
以期达到能向外国人做介绍的水平?

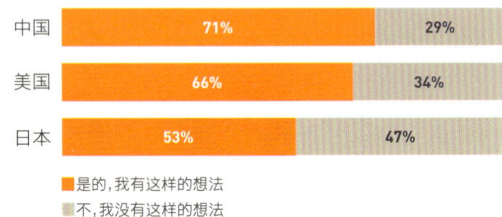

中国	71%	29%
美国	66%	34%
日本	53%	47%

■是的,我有这样的想法
■不,我没有这样的想法

Q.相对而言,
您更喜欢以下哪种休假方式?

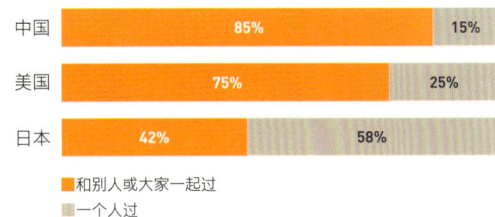

中国	85%	15%
美国	75%	25%
日本	42%	58%

■和别人或大家一起过
■一个人过

Q.在过去一年中,您更多的是
以哪种方式度过您的假期或休息日的?

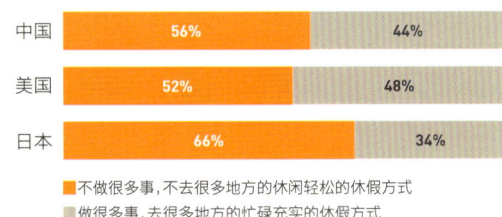

中国	56%	44%
美国	52%	48%
日本	66%	34%

■不做很多事,不去很多地方的休闲轻松的休假方式
■做很多事,去很多地方的忙碌充实的休假方式

Q.最近,您参加过需要购票或提前申请才能参加的公开型活动(比如音乐节、马拉松等)吗?

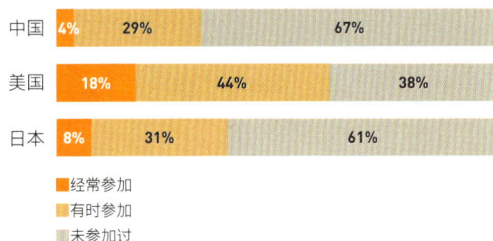

国家	经常参加	有时参加	未参加过
中国	4%	29%	67%
美国	18%	44%	38%
日本	8%	31%	61%

- 经常参加
- 有时参加
- 未参加过

Q.今后,您想参加需要购票或提前申请才能参加的公开型活动(比如音乐节、马拉松等)吗?

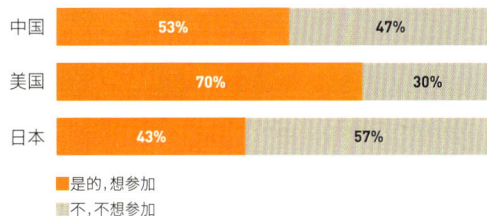

国家	是的,想参加	不,不想参加
中国	53%	47%
美国	70%	30%
日本	43%	57%

- 是的,想参加
- 不,不想参加

Q.您参加公开型活动是因为有"希望结识新朋友、增进朋友之间感情"的想法吗?

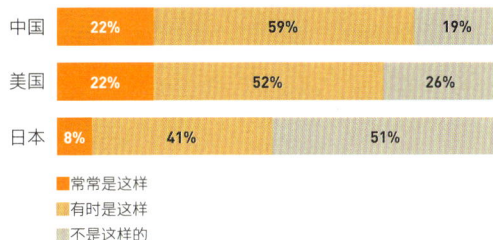

国家	常常是这样	有时是这样	不是这样的
中国	22%	59%	19%
美国	22%	52%	26%
日本	8%	41%	51%

- 常常是这样
- 有时是这样
- 不是这样的

Q.相对而言,您更喜欢怎样玩游戏?

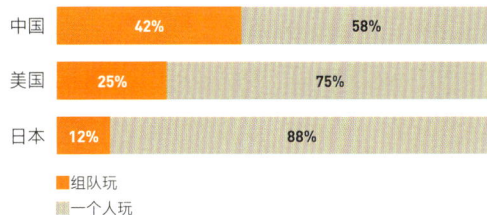

国家	组队玩	一个人玩
中国	42%	58%
美国	25%	75%
日本	12%	88%

- 组队玩
- 一个人玩

Q.您最近玩过游戏吗?(不论手游还是电脑游戏,线上或是线下)

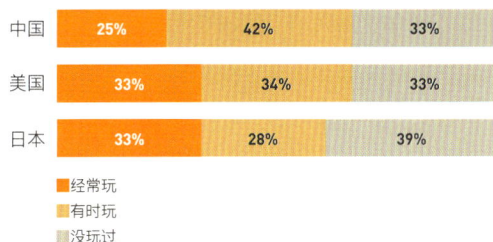

国家	经常玩	有时玩	没玩过
中国	25%	42%	33%
美国	33%	34%	33%
日本	33%	28%	39%

- 经常玩
- 有时玩
- 没玩过

Q.您玩游戏,是因为有"希望结识新朋友、增进朋友之间感情"的想法吗?

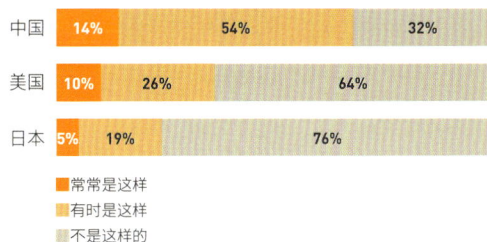

国家	常常是这样	有时是这样	不是这样的
中国	14%	54%	32%
美国	10%	26%	64%
日本	5%	19%	76%

- 常常是这样
- 有时是这样
- 不是这样的

Q.您觉得和以前相比,现在自己要有别于他人,是否更难了?

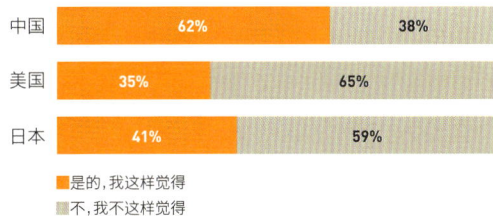

国家	是的,我这样觉得	不,我不这样觉得
中国	62%	38%
美国	35%	65%
日本	41%	59%

- 是的,我这样觉得
- 不,我不这样觉得

Q.以下两种别人的行为中,您更倾向于为哪种行为点赞?

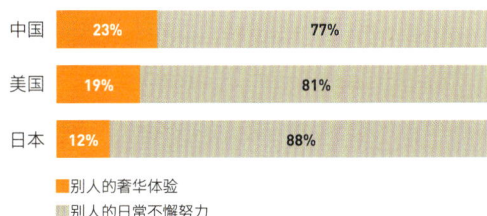

国家	别人的奢华体验	别人的日常不懈努力
中国	23%	77%
美国	19%	81%
日本	12%	88%

- 别人的奢华体验
- 别人的日常不懈努力

**Q.您是否觉得周围的人在做的事都差不多？
或者说,您觉得人们越来越"同质化"了吗？**

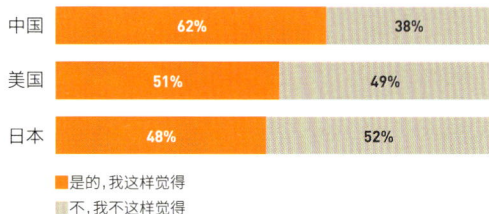

中国	62%	38%
美国	51%	49%
日本	48%	52%

■ 是的,我这样觉得
■ 不,我不这样觉得

**Q.您觉得以下两种情况中,
哪一种更能让别人看到自己的独特之处？**

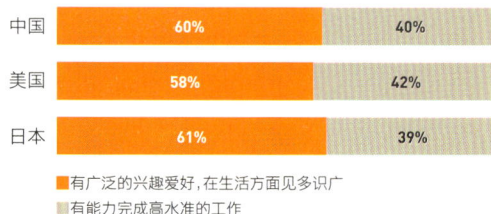

中国	60%	40%
美国	58%	42%
日本	61%	39%

■ 有广泛的兴趣爱好,在生活方面见多识广
■ 有能力完成高水准的工作

**Q.您希望自己有别于他人,
并让别人看到自己的独特之处吗？**

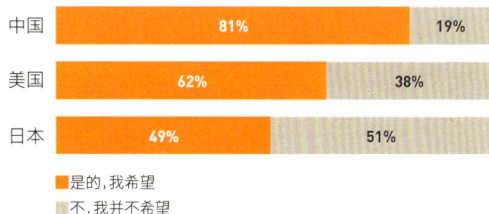

中国	81%	19%
美国	62%	38%
日本	49%	51%

■ 是的,我希望
■ 不,我并不希望

**Q.与以前相比,
您想要得到别人点赞或称赞的意识更强烈了吗？**

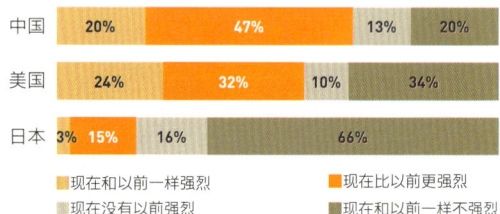

中国	20%	47%	13%	20%
美国	24%	32%	10%	34%
日本	3%	15%	16%	66%

■ 现在和以前一样强烈　■ 现在比以前更强烈
■ 现在没有以前强烈　■ 现在和以前一样不强烈

**Q.您觉得以下两种情况中,
哪一种更能表现出"自己"？**

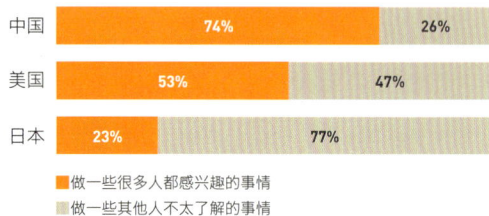

中国	74%	26%
美国	53%	47%
日本	23%	77%

■ 做一些很多人都感兴趣的事情
■ 做一些其他人不太了解的事情

**Q.如果您自己想博得别人点赞或称赞的话,
会更倾向于选择以下哪种行为？**

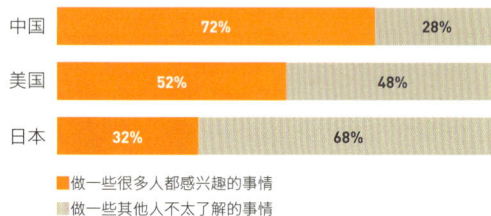

中国	72%	28%
美国	52%	48%
日本	32%	68%

■ 做一些很多人都感兴趣的事情
■ 做一些其他人不太了解的事情

**Q.一般而言,您是否担忧
"如果自己一成不变,就会在竞争中被淘汰"？**

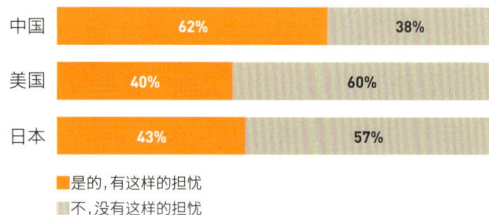

中国	62%	38%
美国	40%	60%
日本	43%	57%

■ 是的,有这样的担忧
■ 不,没有这样的担忧

**Q.与几年前相比,您是否更担忧
"自己可能会在竞争中被淘汰"了？**

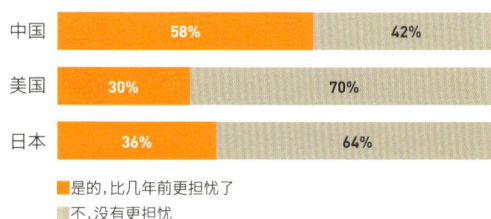

中国	58%	42%
美国	30%	70%
日本	36%	64%

■ 是的,比几年前更担忧了
■ 不,没有更担忧

生活者所描绘的
"我心目中的理想假日"主题画展

从生活者所绘"理想假日"图景中，
我们可以看到各种生活情绪在蔓延：

有远离喧嚣的渴望，
有追逐梦想的热忱，
也有对"世外桃源"的向往。

还有想孝顺父母、徜徉书海这种
看似寻常实难做到的"普通愿望"。

值得一提的是，
本次调查中，"排得很满的计划"已几乎不见，
取而代之的是清一色想要"悠闲度过"的心声。

"我心目中的理想假日"主题绘画调查

调查城市	北京、上海、广州
调查对象	20-59岁男女
样本总数	54人
调查手法	预约留置调查
调查时期	2017年10月国庆节长假期间
调查机构	央视市场研究股份有限公司(CTR)

生活者心目中的理想假日

（34岁男性·北京）

　　找一个群山包围的小河，在微微的风中，独自安静地钓鱼。钓鱼可以磨炼自己的耐性。因为平时在城市中，工作压力大、生活节奏过快，导致很多人心情烦燥，性格暴躁，所以在假期里，最重要的是逃离城市的喧嚣，去寻找一份安静。

（40岁女性·广州）

　　下班后马上带上行李和家人，开车去海角的一个小渔村。因为是小渔村，所以知道的人少，去的人也不多。老公和女儿喜欢潜水，我喜欢摄影和冲浪。也可以和朋友一起钓钓鱼，悠闲地度过假日。

（29岁女性·广州）

　　想一个人去芬兰看极光，并穿着婚纱自拍。极光中有浪漫，有震撼，可以刻骨铭心。不需要在乎别人的目光，只要能够穿着自己最漂亮的婚纱，在极光美景下拍下这难以忘怀的景色就足够了。

（20岁女性·广州）

　　想和一大群好朋友去海边或者山里。白天到风景好的地方坐下来打牌玩桌游，晚上再一起烧烤，然后和最好的姐妹睡一个房间。

（48岁女性·上海）

　　这是我和母亲大人的理想假日。准备在家里自己动手，让妈妈好好享受一下我的厨艺。妈妈平时太辛苦了，要照顾家人，家务活又琐碎，永远也做不完。节日的时候就让她坐在那里好好休息享受一下。

（33岁男性·上海）

　　有人说，等我有钱了要带爸妈周游世界。我说，那是不可能的，等待你把钱挣到了，你都不知道爸妈是否还能上飞机。我希望有足够的时间，带着爱人孩子去湖南看看我那辛苦一辈子、操劳一辈子的爸爸妈妈，哪怕只是陪他们聊聊家常也好。

（44岁女性·上海）

　　父母住在北京，而我生活在上海。所以假日必须要陪陪父母，吃吃饭，每天到公园散散步，或去长城走走。爱，不只是说说而已。停下奔波的脚步，尽可能多陪陪父母，哪怕就在家里吃顿饭也开心！

（37岁女性·上海）

　　平时生活太忙碌，无暇锻炼身体，节假日的早晨可以在公园晨跑，然后去图书馆看书，静心念书，体会宁静阅读带来的美好感觉。再者就是和家人在家里看电视剧、电影，甚至新闻。节假日不出远门，在家里也不失为一种好的体验。

（54岁女性·北京）

　　小时候就读了许多关于南方海岛的书，所以这辈子一定要去一次南方海岛度假。去看看祖国南端最美丽的海岛，感受碧波万顷和充满神秘的颜色。在明澈湛蓝的海水里像鱼一样游泳，潜到海里去抚摸大海龟、小鱼。

（24岁男性·北京）

　　在假期中，一定要多做一些运动。我最喜欢的莫过于打乒乓球了，能和高手们过过招，找出自己的不足之处，努力学习，达到一个质的飞跃。理想中的假期生活，不需要很丰富，只要是最适合我的，就是最充实最有意义的。

（37岁男性·北京）

　　我与爱人和狗，一起驾车前往美丽的沙滩。夕阳西下，海风吹过，海滩上留下浅浅的足迹。晚霞、夕阳、海面、沙滩，都染上一抹红晕。什么都比不上这样恬静美丽的一刻。

（48岁男性·北京）

　　身处静谧的大自然中，感受自然带给我的身心合一的宁静，一个平静与悠闲的假日。生活于现代都市，忙碌与喧嚣中的人们，或许都需要一个能好好反思和审视自己，能洗涤灵魂、带给自己内心平和的瓦尔登湖。

（28岁男性·上海）

　　最渴望体验最原始的自然风光及人文风情、历史原貌，摒弃过重的商业气息，避开拥挤的人群。那里有未经大肆商业开发的自然风光，那种最淳朴的民风民俗、最原始的建筑和居住环境，也是我们向往的度假地点。

（22岁女性·上海）

　　我个人很喜欢去海边玩，觉得这是很心旷神怡的一件事情。即使只是看着一群熊孩子在玩沙子堆沙堡也是很美好的。假日应该多出去走走，见见不一样的风景。

参考文献
—P15 "文化消费"相关数据出处一览

网络文学用户规模	3.53亿人	CNNIC《2017年第40次中国互联网络发展状况统计报告》
网络直播用户规模	3.43亿人	CNNIC《2017年第40次中国互联网络发展状况统计报告》
网络音乐用户规模	5.24亿人	CNNIC《2017年第40次中国互联网络发展状况统计报告》
现磨咖啡年消费量	1,590吨	Euromonitor
奶酪年消费量	7万吨	Euromonitor
葡萄酒年消费量	17.3亿升	OIV (International Office of Vine and Wine)《OIV 2017 report on the world vitivinicultural situation》
健身人数	1,090万人	青橙健身《2016-2017年中国健身行业白皮书》
二次元市场规模	2,956亿元	伽马数据《2017年二次元移动游戏价值分析报告》
电影票房	457亿元	国家新闻出版广电总局电影局
瑜伽馆数量	14,146家	社会科学院《中国瑜伽产业发展现状研究》
电影屏幕数	4.1万块	中国广电总局电影局
出境游人数	1.22亿人	中国旅游研究院《2016 年中国出境旅游者大数据》
体育用品行业产销总值	3,077亿元	中国体育用品业联合会《2016中国体育用品产业发展白皮书》
马拉松参赛人数	280万人	中国田协
博物馆观众人数	8.5亿人	中国统计局
话剧观众人数	321万人	中国演出行业协会《2016年中国演出市场年度报告》
音乐会观众人数	628万人	中国演出行业协会《2016年中国演出市场年度报告》
演唱会、音乐节票房收入	35亿元	中国演出行业协会《2016年中国演出市场年度报告》
演出市场总体经济规模	470亿元	中国演出行业协会《2016年中国演出市场年度报告》
游戏市场规模	1,656亿元	中国音数协游戏工委、伽马数据《2016年中国游戏产业报告》

■
■ 博报堂生活综研（上海）

大熊健二

钟　鸣

多湖广

王慧蓉

方华英

包　旭

周　吉

加藤敏明

中国传媒大学　广告学院

丁俊杰
（中国传媒大学广告学院院长 教授）

黄京华
（中国传媒大学广告学院广告学系主任 教授）

杨雪睿
（中国传媒大学广告学院广告学系 副教授）

项目协助

杨佐彧
佐藤格
今井萌绘
蒋雪妮
曹墨健一

营造"文化消费"新风尚的
生活者及其心理洞察

余 乐

生活者"动"察2017
The Dynamics of Chinese People
博报堂生活综研（上海）

图书在版编目(CIP)数据

余乐：营造"文化消费"新风尚的生活者及其心理洞察 / 博报堂
生活综研（上海）市场营销咨询有限公司著.
－上海: 文汇出版社, 2017.12
ISBN 978-7-5496-2390-7

Ⅰ.①余… Ⅱ.①博… Ⅲ.①文化生活－消费－研究－中国 Ⅳ.①G124

中国版本图书馆CIP数据核字(2017)第280203号

余乐：营造"文化消费"新风尚的生活者及其心理洞察

策划推进 / 博报堂生活综研(上海)市场营销咨询有限公司
责任编辑 / 戴铮
装帧设计 / 格拉慕可企业形象设计咨询(上海)有限公司
　　　　　上海蓝奇紫辉广告传媒有限公司

出版发行 / **文匯**出版社
　　　　　上海市威海路755号
　　　　　（邮政编码200041）
经　　销 / 全国新华书店
印刷装订 / 上海锦佳印刷有限公司
版　　次 / 2017年12月第1版
印　　次 / 2017年12月第1次印刷
开　　本 / 889×1194 1/16
字　　数 / 60千
印　　张 / 7.25

ISBN978-7-5496-2390-7
定　　价 / 48.00元

策划推进　/ 博报堂生活综研(上海)市场营销咨询有限公司
装帧设计　/ 格拉慕可企业形象设计咨询(上海)有限公司
　　　　　　　上海蓝奇紫辉广告传媒有限公司